中国学术名著丛书

舒新城

近代中国留学史

吉林出版集团股份有限公司

图书在版编目（CIP）数据

舒新城 近代中国留学史 / 舒新城著 . —长春 : 吉林出版集团股份有限公司 , 2017.3（2022.2 重印）

（中国学术名著丛书）

ISBN 978-7-5581-2273-6

Ⅰ.①舒⋯ Ⅱ.①舒⋯ Ⅲ.①留学教育－教育史－中国－近代 Ⅳ.① G649.29

中国版本图书馆 CIP 数据核字（2017）第 052513 号

舒新城 近代中国留学史

著　　者	舒新城	
出版策划	杜贞霞	
责任编辑	王　平	
封面设计	映象视觉	
开　　本	710mm×1000mm　1/16	
字　　数	160 千	
印　　张	12.5	
版　　次	2017 年 6 月第 1 版	
印　　次	2022 年 2 月第 2 次印刷	

出版发行　吉林出版集团股份有限公司

电　　话　总编办：010-63109269

　　　　　　发行部：010-63109269

印　　刷　众鑫旺（天津）印务有限公司

ISBN 978-7-5581-2273-6　　　　　　　　定价：46.00 元

目录

序

在未有近代中国教育通史以前，研究近代中国留学史，似乎有点缓其所急。但在现在的中国，留学问题几乎为一切教育问题或政治问题的根本：从近来言论发表的意见，固然足以表示此问题之重要，从国内政治教育实业诸事业无不直接间接为留学生所主持、所影响的事实看来，更足见留学问题关系之重大：此时研究留学史或者不尽是急其所缓白费工夫罢！

我非留学生，然而留学问题之在我脑中占一席地，却有十余年的时间：民国二年我在湖南高等师范英语部读书，学校费重金远从美国预聘一位英文教授，秋季开学到校第一次给我底印象便是"洋公子"三字。他因为在美国习商业而且不大会写中国字的原因，不一星期离开我们，可是"洋公子"三字至今还留传我们同学聚首时的口中。那时我一面对于留学生怀疑，同时自己又极想作留学生，这种矛盾心理，好像极无理由，其实不过社会意识构成虚荣欲与自我理想的判断性在潜意识中互为雄长，并没什么可怪。民国十年服务于吴淞中学，因聘请英文教员得与几位留学生讨论关于中国中学英文教学问题，更觉得留学是中国教育界的重大问题，同时也很注意关于留学问题材料的搜集，民国十三年春，更用怡怡的符号在《中华教育界》发表两篇《论留学生问题》的文章——原定共作五篇，后因事中止。这两种琐事对于《近代中国留学史》自然没有什么关系，但引起我注意留学问题的动机，却由此两种琐事。

我每次想到留学问题，便有"祸患将临"之感；这种情调自然可说是由于"过虑"而发，但无昭示我们发生"过虑"事实，当不致无因而至。本书底目的就在从历史上说明现在留学问题的因果并想求出一条新路径以引导未来。不过作者底识力有限，浅薄研究的结果，只发见中国60年来的留学政策都是以受教育代替研求学术与今后的留学当以研求学术以改进本国文化两事（详见第十五章），一切关于留学问题如自费生、清华生及派遣、管理等等都本此原则求解决；所见虽不敢说尽是，但自觉比从前就问题谈问题之证据充分许多，倘能引起国人之注意而研求更良好的解决方法，则此书为不虚作。

此书所述虽只60年的事实，但因住地无完备的图书馆与国内统计不发达之故，取材极不容易——尤其是关于统计的材料：我曾函托教育部重要职员代为录留学各种统计，民五以后，竟不可得，故书中所有统计表均以私家著作所发表者为根据——不详备之弊在所难免；不过一切材料均详注来源，便读者查阅原著，从新推证；更望读者随时指正谬误，开示书中未备之材料，以便据以更正增补。

最初搜集关于留学问题的材料时，并不曾想到作一部《留学史》，不过备讨论问题时有较充分之论据而已。及去年开始著《近代中国中学教育史》，搜集材料，选择材料，均不时与留学问题发生关系，后为《中华教育界留学问题专号》作《中国留学小史》时，又搜集些特别关于留学材料，而且有些系由远道友朋处借来，遂费些时间将留学史先整理付印。此书之能早与读者相见，友人陈启天、赵叔愚、向达、李儒勉诸先生供给材料与督促之力居多，谨特别伸谢。其他采用各著作之材料甚多，不及一一列举姓名，统在此敬表谢意。

舒新城
民国十五年五月廿五日南京

第一章　留学创议

留学问题近年已逐渐被人注意，而且毁多而誉少。现在的留学生诚然有许多令人不满的地方，但无留学生，中国的新教育与新文化决不至有今日。设学校、译西籍诚然是今日知识阶级之家常便饭，然而在50年以至于30年前，却是极新奇而困难的事情，非留学外国者不能问津：即现在教育上的学制课程，商业上之银行公司，工业上之机械、制造，无一不是从欧美、日本模仿而来，更无一不是假留学生以直接间接传来。留学生在中国文化上既有如此重大的影响，我们研究近代中国文化，可不注意其渊源之留学史吗？

说到近代留学的渊源，大家都推重曾国藩与李鸿章，以为他们是首先派遣留学生的人，无他们中国便无留学生；新学术、新事业也不会如此发展。中国政府派遣学生出国求学固然是由于他们，但原始发动者却不是他们，也不是他们所说的丁日昌，[①]而是毕业于美国耶路

---

① 同治十一年，曾国藩等奏《选派幼童赴美肄业章程折》说："臣国藩上年在津办理洋务，前任江苏巡抚丁日昌奉旨来津会办，屡与臣商榷，拟选聪颖幼童赴泰西各国书院学习军政、船政、算术、制造诸事，约计十余年学成而归，使西人擅长之技，中国皆能谙悉。"（《约章成案汇览》卷32，上）

大学（Yale University）之第一个中国留学生容闳，曾李丁诸人不过因位高权重而负其名耳。无容闳，虽不能一定说中国无留学生，即有也不会如斯之早，而且派遣的方式也许是另一个样子。故欲述留学之渊源，不可不先知容闳。

容闳字纯甫，广东人，于1828年（清道光八年）11月生于距澳门西南可四英里之彼多罗岛（Pedro-Island）南屏镇。1835年至澳门入英国伦敦妇女会古特拉富夫人（Mrs Gutzlaff）所设之西塾，1841年进玛礼孙学校（Morrison School）；该校为纪念《英国传道会》所委派之传道员玛礼孙（Dr. Robert Motrison）而设，成立于1839年11月，1842年因香港割于英国，乃迁于香港之山顶，主其事者为美国耶路大学毕业之美国人勃朗（Rev.S.R.Brown）。此时玛礼孙学校之创始班学生共六人，除容外，余为黄胜、黄宽、李刚、周文、唐杰，1846年12月勃朗因病归国，容及二黄均随之去美国。

容等于1847年1月4日乘航船起行，4月12日抵美，三人同入美国麻沙朱色得士州（Massachusetts）之孟松学校（Monson Aeademy）。容等去美之费用由香港之商人及报馆主笔等数人担负，但只以二年为期。1849年黄胜因病返国，容等期满，因资助者欲二人去英国苏格兰爱丁堡大学习专门，黄宽乃去英学医，七年以第二名毕业，1857年归国悬壶，1879年逝世；容则不愿去英，以乔治亚省"萨伐那妇女会"（The Ladies Association in Savounah, Ga.）之助及自己工作，于1850年入耶路大学，1854年毕业该校，斯年11月由美起行返国。

他返国后，即注意于学习中国语言文字，不久即在香港美代公使处为书记，旋在香港高等审判厅为译员，习律师，但为英人排斥，于1856年8月离香港至上海在海关充翻译，未三日又辞而至英商某丝茶公司为书记，6月公司停业，乃改业翻译，未几又为宝顺公司（Dentd co.）至湘浙各地调查产茶区域。1860年11月美教士二人至南京谒洪秀全之佐干王而说以七事，[①]冀太平军之能用其言而改造中国。但结果不能如其所期，仍为茶商往来皖赣各省，特别注意社会现象，盖其改造中国之志自去美至今未尝一日衰也。1862年（同治元年），他正营业九江，曾国藩幕友张世贵、李善兰（壬叔）等迭出相召，于斯年8月至安庆见曾，揣曾有建立机器厂之意，乃渐匿其教育计划而先以建立良好机器厂之议进。斯年10月奉曾命去美购机器，1865年春携机器返国，曾保以五品候补同知，指发江苏，10月入江苏巡抚署为译员，于上海遇上海道丁日昌，颇为相契，初说曾国藩在《江南制造局》中设立兵工学校，继与丁日昌商议他所持之教育计划的进行步骤。孜孜三年（1868—1870，时丁已升江苏巡抚），始将其计划提出于曾国藩，由曾奏准于1870年冬着手进行。

容虽生于澳门，但爱护祖国之念甚强，当其在美因香港接济者之期满而又不愿去英国求学时，他所毕业之孟松学校固曾有资送大学之例，但因以传教为条件与他改造中国之志不符，竟毅然拒绝；后归国在香港为美领事之书记与谒太平军之干王，固无时不思求得一改造之机会；在上海为海关翻译，因中国人不能升为税务司之限制，深感国际不平等而忿然去职；及晤曾国藩以为机不可失，遂毅力为之规划，费时数年，始能将其计划实现，爱护中国之忱，诚非一般人所能企及。

他改造中国之计划以派遣留学为最重要，他在自著之《西学东渐记》中言之最详。该书第十六章题曰"予之教育计划"，述他对于国事之意见与其计划之进行甚详。他所条陈者共有四事：1.中国自组合资汽船公司，资本职员均须中国自理，不得附外股及用外人为职员；

---

①　七事如下：1.依正当之军制组织一良好军队；2.设立武备学校以养成多数有学识军官；3.建设海军学校；4.建设善良政府，聘用有经验之人为各部行政顾问；5.创立银行制度及厘订度量衡标准；6.颁定各级学校教育制度，以耶稣教圣列为主课；7.设立各种实业学校。（《西学东渐记》，页67）

2.由政府选派颖秀青年送之出洋留学；3.由政府设法开采矿产；4.禁止教会干涉词讼。此四条在当时均属重要，但他却以为"此条陈之第1、3、4条，特假以为陪衬，眼光所注而望其必成者自在第2条"。①第2条之原文说：

政府宜先派颖秀青年，送之出洋留学，以为国家储蓄人材。派遣之法，初次可先定120名学额以试行之，此120人中，又分为四批，按年递派，每年派送30人；留学期限，定为15年，学生年龄，须以12岁至15岁为度。视第一第二批学生出洋留学，著有成效，则以后即永定为例，每年派出此数。派出时并须以汉文教习同往，庶幼年学生在美，仍可兼习汉文。至学生在外国膳宿入学等事，当另设留学生监督二人以管理之。此项留学经费，可于上海关税项下，提拔数成以充之。②

此条陈于1868年上于曾国藩，适曾此时丁内艰，乃于1870年因天津教案，曾及丁日昌、毛昶熙与刘某被派为调停该案四大臣在津聚首，容乃乘机进言于丁，请其向曾重提，曾然其议，由四人联衔奏请，于斯年冬奉旨照准，容乃由丁介绍刑部主事陈兰彬在南京共同商定：1.派遣学生额数，2.设立预备学校，3.筹定经费，4.酌定出洋年限诸事。1871年（同治十年）曾国藩逝世，李鸿章继之，于1872年夏末派第一批学生30人去美。中国政府派遣留学生以此为始，而政府之所以有此举则完全于容闳一人之力。故近代中国留学实以容为创始者。

---

① 《西学东渐记》，页103。
② 同上，页102。

容闳既建议派学生去美，而当时与外国订有游学条约者，又只有同治七年志刚、孙家谷等使美所订之《中美续约》，①故竟由政府派遣学生去美留学。其办法由曾国藩、李鸿章奏准，计划则为容所预定。第一次由曾李二人合奏选派幼童赴美办理章程12条，选派办法、去美学习要项，均见此章程中，兹录于下：

一、商知美国公使照会大伯尔士顿将中国派员每年选送幼童30名，至彼中书院肄业缘由，与之言明，其束修膏火一切均中国自备，并请俟学识明通量材拔入军政船政两院肄习。至赴院规条，悉照美国向章办理。

一、上海设局经理挑选幼童派送出洋等事，拟派大小委员三员，由通商大臣札饬在于上海、宁波、福建、广东等

---

① 《中美续约》第七款：嗣后中国人欲入美国大小官学学习各等文艺，须照相待最优国之人民一体优待；美国人可以在中国按约指准外国人居住地方设立学堂，中国人亦可在美国一体照办。

处挑选聪慧幼童十三四岁至二十岁为止。曾经读中国书数年，其亲属情愿送往西国肄业者，即会同地方官取具亲属甘结，并开明年貌籍贯存案，携至上海公局考试。如姿性聪颖，并稍通中国文理者，即在公局暂住，听候齐集出洋，否即撤退，以节糜费。

一、选送幼童每年以30名为率，四年计120名，驻洋肄业15年后，每年回华30名，由驻洋委员胪列各人所长，听候派用，分别奏赏顶带官阶差事。此系官生，不准在外洋入籍逗留，及私自先回，遽谋别业。

一、赴洋幼童学习一年，如气性顽劣，或不服水土，将来难望成就，应由驻洋委员，随时撤回。如访有金山地方华人，年在15岁内外，西学已有几分工夫者，应由驻洋委员随时募补，以收得人之效，临时斟酌办理。

一、赴洋学习幼童入学之初，所习何书、所肄何业，应由驻洋委员列册登注。四月考验一次，年终注明等第，详载细册，赍送上海道转报。

一、驻洋正副委员二员，每员每月薪水银450两，翻译一员，每月薪水银160两。

一、每年驻洋公费银共约600两，以备医药信资文册纸笔各项杂用。

一、正副委员翻译、教习来回川费，每员银750两。

一、幼童来回川费及衣物等件，每名银790两。

一、幼童驻洋束修膏火屋租衣服食用等项，每年计银400两。

一、每年驻洋委员将一年使费开单知照上海道转报，倘正款有余，仍涓滴归公，若正款实有不足之处，由委员随时知照上海道禀请补给。

一、每年驻洋薪水膏火等费，约给库平银6万两，以20年计之，约需库平银120万两。

此章程为同治十年七月初三日由曾李两人专折会奏，当时总理衙门覆奏不分满汉子弟择其质地端谨，文理优长，一律送往，李等即据以选派学生，于十一年正月奏请陈兰彬为正委员，容闳为副委员，常川驻美经理一切。因挑选幼童，在沪设局办理，故又奏请刘翰清总理沪局事宜，同时并以曾恒忠为翻译，叶源濬为出洋教习^①，并订选派幼童出洋肄业应办章程六条，规定学生中文课程大要及禁令礼仪等。其最要之三条录下：

一、挑选幼童不分满汉子弟，年12岁至16岁为率。收录入局，由沪局查考中学西学分别教导。将来出洋后，肄习西学仍兼讲中学，课以孝经、小学、五经及《国朝律例》等书，随资高下，循序渐进。每遇房虚昴星等日，正副二委员传集各童宣讲《圣谕广训》示以尊君亲上之义，庶不至囿于异学。

一、幼童选定后，取具年貌籍贯暨亲属甘结收局注

---

① 李等派遣诸人均有其特殊资能，其奏折中对于五人所下之考语如下："查有奏调来江之四品衔刑部候补主事陈兰彬凤抱伟志，以用世自命，虽其容貌则粥粥若无能，绝不矜才使气，与之讨论时事皆洞烛几微，盖有远略而具内心者。又运同衔江苏候补同知容闳前在花旗等处最久，而志趣深远，不为习俗所囿。同治二年曾派令出洋购买机器。该员练习外洋风土人情，美国尤熟适之地，足以联外交而窥秘钥。""盐运使衔候补知府刘翰清渊雅纯笃，熟悉洋务。""五品衔监生曾恒忠究心务学兼晓沿海各省土音，堪充翻译事宜；光禄寺典簿附监生叶源濬文笔畅达，留心时务，堪充出洋教习事宜。"（同《赴美办理章程》第7、9条）

册，在沪局肄习以六个月为率，察看可以成就，方准资送出
洋，仍由沪局造册报明通商大臣转咨总理衙门查考。至洋局
课程以四个月考验一次，年终分别等第查报。其成功则以15
年为率。中间艺成后游历两年以验所学，然后回至内地候总
理衙门酌量器使，奏明委用。此系选定官生，不准半途而
废，亦不准入籍外洋，学成后不准在华洋自谋别业。

一、每年八月颁发时宪书由江海关转交税务司递至洋
局，恭逢三大节以及朔望等日由驻洋之员率同在事各员以及
诸幼童望阙行礼，俾娴仪节而昭诚敬。[①]

办法既定，及招收学生，当时风气未开，第一批学生不足定
额，由容闳亲至香港于英政府所设之学校中遴选少年聪颖而于中西
文略有根底者数人以足其数；且因无报纸传播消息，北方人民不知
此事，应征者多粤人，而粤人中又多半为香山籍。故当时百二十
名官费生中，南人竟居十之八九。[②]同治十一年（1872）夏末，容
先去美布置一切，第一批30人，由陈兰彬等带往，分处于新英国省
（New England）之各人家，每家二三人不等，为便利监督，彼此相
距甚近；后迁哈特福德（Hartford）。1874年乃在哈特福德之克林街
（Collins Street）自造一坚固壮丽之屋以为中国留学生事务所，可容
职员学生75人，学生则遣往各校就学，国内学生亦继续照预定计划派
去。

光绪元年秋（1875）为四批留美学生最后一批赴美之期，为新委
员区岳良新翻译邝其照与汉文教习二人带去。斯时因秘鲁招募华工，

---

① 《约章成案汇览》卷32，上。

② 《西学东渐记》页100。

陈与容均夫秘调查，陈急欲请假回国，遂请政府另派委员以代其职，故学生由区等带去。不久陈与容被命为驻美、日、秘三国出使大臣及副大臣，留学教务由区及内阁中书容增祥接办。光绪二年政府另遣吴子登为委员；吴固顽旧，对于学生在美种种举动因其与中国士人习惯相背，已早不满，故抵美对于从前已定之规程，多所吹求，尤好发官气，对于学生之责难甚多，卒于光绪七年（1881）请准将所有学生一律撤回。[①]

但留美者尚约十人。[②]第一期学生之中有唐绍仪、梁敦彦、詹天佑诸人。[③]

[①]　《留美中国学生小史》：光绪六年，南丰吴惠善为监督，其人好示威，一如往日之学司。接任之后，即招各生到华盛顿使署中教训，各生谒见时，均不行拜跪礼，监督僚友金某大怒，谓各生适异忘本，目无师长，固无论其学难期成材，即成亦不能为中国用。具奏请将留学生裁撤，署中各员均窃非之，但无敢言者，独容闳力争无效，卒至光绪七年，遂将留学生一律撤回。（柳诒徵编《中国文化史》第三编）

[②]　《新大陆游记》：哈佛者，中国初次所派出洋学生留学地也。中国初次出洋学生，除归国者外，其余尚留美者约十人；内惟一郑兰生者，于工学心得甚多。有名于纽约，真成就者，此一人也。次则容骙在使馆为翻译，文学甚优，亦一才也。其余或在领事署为译员，或在银行为买办，人人皆有一西妇。（同上）

[③]　《留美中国学生会小史》：同治末年，湘乡曾国藩奏请派幼童出洋留学，议成于1870年，使丰顺丁日昌募集学生，翌年适吴川、陈兰彬出使美国，遂命香山容闳率学生同来，以高州区谔良为监督，新会容增祥副之，学生即唐绍仪、梁诚、梁敦彦、容骙、欧阳庚、侯良登、詹天佑、郑兰生等，此为中国学生留美第一期。（同上）

第三章　欧洲留学之始

　　欧洲留学以沈葆桢于光绪元年派遣福建船厂学生，随法人日意格去法为最早，李鸿章于光绪二年派天津武弁卞长胜等七人随德人李励协去德次之。同治六年，闽督左宗棠奏设船厂于福建，保沈葆桢为船政总理，前后五年造成轮船3艘，兵轮20艘，分布各海口，并创立拉铁、打铁、铸铁、轮机、水缸诸厂，聘法人日意格为监督，同治十二年来，即筹备派遣闽厂学生去英法两国学习，适台湾事起，中途停止。光绪元年日意格返国，沈乃遣学生数人同赴法国学习船政。当同治十三年（1874），因定购新式后膛枪炮，并托德国克鹿卜炮厂代雇德国都司李励协为教习，以三年为期；光绪二年三月期满返国，李鸿章遣卞长胜、朱耀彩等七人同赴德国学习陆军，以三年为期。① 此为中国学生去法德两国之始，但均为大员所遣，非政府正式派送，故学生监督、学习科目均无一定规章，光绪二年十二月李鸿章等奏准派遣

---

　　① 据李鸿章光绪五年奏派往外洋华弁学成回华给奖折中所载，当时派遣往德者为卞长胜、朱耀彩、王得胜、杨德明、查连标、袁雨春、刘芳圃七人。卞、朱两人因学业无进步先调回，查袁、刘三人于光绪五年返国，任直隶军职，杨其时病居柏林，王则在柏林就学。

福建船厂学生及艺徒30名，去英法两国学习海军与制造，并派监督两人董理其事，管理经费等事均有详细章程，兹录如下：

一、奏派华洋监督各一员不分正副，会办出洋肄业事务。俟挈带生徒到英法两国时，由监督公同察看大学堂、大官厂应行学习之处，会同安插，订请精明教习指授。如应调赴别厂或更换教习，仍须会商办理。其督课约束等事亦责成两监督不分畛域。如遇两监督分驻英法之时，则应分投照顾。其华员及生徒经费归华监督支发，洋员洋教习及华文案经费，归洋监督支发。每年底由两监督将支发各数会衔造报。凡调度督率，每事必会同认真探讨，和衷商榷，期于有成。万一意见不合，许即据实呈明通商大臣、船政大臣察夺。

一、选派制造学生14名、制造艺徒4名，交两监督带赴法国学习制造。此项学生即宜另延学堂教习课读，以培根底，又宜赴厂习艺，以明理法，俾可兼程并进，得收速效，以备总监工之选。其艺徒学成后，可备分厂监工之选。凡所习之艺，均须极新极巧，倘仍习老样，则惟两监督是问。如有他厂新式机器及炮台、兵船、营垒、矿厂应行考订之处，由两监督随时酌带生徒量给。其第一年除酌带量给外，其余生徒，可以无须游历，第二第三四年，约以每年游历60日为率，均不必尽数同行，亦不必拘定时日。

一、选派驾驶学生12名，交两监督带赴英国学习驾驶兵船。此项学生应赴水师学堂先习英书，并另延教习，指授枪炮、水雷等法，俟由两监督陆续送格林回次、抱士穆德大学院肄习其间，并可带赴各厂及炮台兵船矿厂游历，约共一年，再上大铁甲船学习水师各法，约二年，定可有成。但上兵船额可援日本派送肄业之例陆续拔尤，分班派送五六人，其未到班者，仍留大学堂学习。既上兵船，须照中国水师规制，除由留辫发外，可暂改英兵官装束。其费由华监督归经费项下支给。内有刘步蟾、林泰曾二名，前经出洋学习，此次赴英，即可送入大兵船肄业。

一、制造生徒赴法国官学、官厂学习，驾驶学生赴英国格林回次、抱士穆德学堂并铁甲大兵船学习，应请总理衙门先行分别照会驻京之英法公使，咨会本国外务院，准照办理。其英国学习各事，或再由中国驻英钦差大臣，就近咨商办理。两项学生每三个月由华洋监督会同甄别一次，或公请专门洋师甄别。并由华监督酌量调考华文论说。其学生于闲暇时，宜兼习史鉴等有用之书，以期明体达用。所有考册，由两监督汇送船政大臣，转咨通商大臣备核。其驻洋之期，以抵英法都城日起，计满三年为限。未及三年之前四个月，由两监督考验学成者送回供差；其中若有数人将成未成，须续学一年或半年者，届时会同禀候裁夺。总以制造者能放手造作新式船机及全船应需之物，驾驶者能营驾铁甲兵船，回华调度布阵，并有专门洋师考取给予确据者，方为成效。如一切办无成效，将监督议处。

一、制造驾驶两项学生之内，或此外另有学生愿学矿务化学及交涉公法等事者，由监督会商挑选。就其才质所近，分别安插学习，支给教习修金。仍由两监督随时抽查功课，令将逐日所习详记送核，亦以三年为期。学成后公订专门洋师考验确实，给有底据，送回供差。

一、两监督及各项生徒自出洋以迄回华，凡一切肄习功课游历见闻，以及日用晋接之事，均须详注日记，或用药水印出副本，或设循环簿，递次互换，总以每半年汇送船政大臣查核，将簿中所记，由船政抄咨南北洋大臣覆核。或别国有便益新样之船身轮机及一切军火水陆机器，由监督随时探明，觅取图说，分别绘译。务令在洋生徒，考究精确，实能仿效。一面将图说汇送船政衙门察核，所需各费，作正开销。

一、各项生徒如遇所订教习不能认真指教，或别有不便之处，应随时诉明华监督会同洋监督察看确实，妥为安置。若该生徒无故荒废，不求进益，有名无实，及有他项嗜好者，均由两监督会商分别留遣严究，其员生每月家信二次，信资以及医药等费，作正开销。或延洋医，或延驻洋公使之官医，或应另请派拨医生，均于到洋后酌定。万一因攻苦积劳，致有不测之事，则运回等费，作正开销，并给薪费一年半；仍酌量情节，禀请附奏，以示优恤。如有闻讣丁忧者，学生在洋守制27日，另加恤赏，饬该家属具领。

一、此次选派生徒，应由监督溯查考迹，详加验看。如有不应出洋，滥收带往，不能在官学官厂造就，以致别回者，其回费由监督自给。生徒赴洋后有藉词挟制情事，因而别回者，即将挟制实在情形，禀请抵华后查明惩究。如咎不在监督者，仍开报回费。实系因病遣回者，不在此例。

一、两监督和衷会办，当互相觉察。万一华监督有敷衍塞责等情弊，而洋监督不行举发，或洋监督有敷衍塞责等情弊，而华监督不行举发者，咎各相等。查有扶同确据，即分别照会咨行，随时撤换，不必俟三年期满。如果事事实际，生徒多优异者，将两监督专折奏请奖叙。

一、此次所议章程，总以三年学有成效为限。若三年后或从此停止，或另开局面，均由船政大臣、通商大臣会商主裁，外人不得干预。

第一批学生于光绪三年二月出国。其时以法人日意格为洋监督，道员李凤苞为华监督，并随员马建忠、文案陈季同、翻译罗丰禄等率同学生于三月到欧，在英法延请教师补习四个月，然后入学校。其在英法分入各校学习之情形，李鸿章言之甚详。他说：

> 溯查出洋生徒在船时各限功课，不令闲旷。既抵英法，专延洋师补教以充根底；一面偕同洋监督面商英法部臣，将在英之驾驶生先派三名登铁甲船，九生入格令尼次官学，续将官学八生调入铁甲船学习，历赴地中海、大西洋、美利坚、阿非利加、印度洋等处，学习操防排布迎御之法。迨离船后，又专延教习补授电气、枪炮、水雷各法，具有船主凭单给执，并照章酌量游历上厂以广见识。是驾驶诸生在船学习不止原定章程分班五六人上铁甲船已也。其在法之制造生先送四入削浦官学，五生入多廊官厂，其余派入汕笤佃官矿学及科鲁苏民厂，分习开采、烹炼、镕铸等事。旋经商明部臣将汕笤等处五生入巴黎官矿学其制造。艺徒初派民厂，补习工艺，续经分送赛隆及向海士登官艺学，该生徒等各照官学所定章程，专门洋师，按年甄别，给执官凭，并酌量游历英法比德各国新式机器船械各厂，以资考订。凡有传习各生徒。俱已竟功。

此次学生之成绩优异者有习制造之魏瀚、陈兆翱、郑清廉、林怡游，习开采镕炼之罗臻禄、林庆升，习驾驶之刘步蟾、林泰曾、蒋超吴、方伯谦、萨镇冰诸人。光绪七年并由李等奏请续派船厂学生10名去英法学习，以后即停止。直至光绪十六年四月由总理衙门奏准出使英、俄、法、德、美五国大臣每届酌带学生二名，共计10名，均以三年为期；光绪二十一年再奏准派学生分赴俄、英、法、德各四名，共计16名，惟所派学生均以襄赞使署公牍为务，无暇求学，实不能谓为留学生，不过闽厂学生回国，西洋留学以此使署学生相续耳，此20年间可算为西洋留学之初期。

第四章　日本留学之始

甲午战后，中国始知国力远逊于日本，但日本在数十年前固无赫赫之名于世界，而竟一战胜我，则明治维新有以致之。中日比邻，消息易于传播，加以文字障碍又较西洋为少，故去日者甚多。政府派遣学生去日留学始于光绪二十二年（明治二十九年），宏文学院沿革概略说：

往年清国学生之来者，仅清国公使馆私聘教师以学日语二三人而已。其所谓官派留学生者，实以明治二十九年为嚆矢。当时公使祐庚氏经日本政府以十三人学生依嘱高等师范学校长嘉纳氏。于是氏直使同校教授本田增次郎氏当事，更又聘教师数人开始日语日文及普通学科之教授。此等留学生中或罹疾患，或因事故致不得已而半途回国者往往有之。惟唐宝锷、胡宗瀛、戢翼翚、朱光忠、冯阊谟、吕烈煌等皆以良绩卒三年之业。就中如唐宝锷、胡宗瀛、戢翼翚等三人，更进修专门之学。及归国后，再及第殿试，至昨年得赐进士出身。唐宝锷、戢翼翚两氏此次随考察政治大臣戴泽殿下行，任调查日本制度之责，克尽力于开发国运，其影响于清国前途者，正未有艾也。此等留学生卒业之后，当时公使李盛铎氏续送数名，鄂督张之洞氏亦相继咨送。于是嘉纳氏以三矢重松氏充教育主任。此等学生亦以良成绩卒其课程，进修专门之学，迄今尚有得高等学科者。其有既归国者，皆就枢要之地。至三十四年，北京警务学堂亦简派警察学生数十人以托其教育。[①]

光绪二十四年始由政府令各省选派学生，且视为一种固定的政策。此议倡于日人矢野文雄，首先主张接收此议者为御史杨深秀。此段公案，详载于光绪二十四年总理衙门覆议遴选生徒游学日本事宜折中。兹录其全文于下：

> 准军机处钞交御史杨深秀片奏泰西各学，自政治、律例、理财、交涉、武备、农工、商务、矿务、有学，日本变新之始，遣聪明学生出洋学习，于泰西诸学，灿然美备。中华欲游学易成，必自日本始。闻日本大开东方协助之会，愿智吾人士，助吾自立，招我游学，供我经费，以著亲好之实。经其驻使矢野文雄函告总署，伏乞饬下总署，速议游学日本章程，选举贡生监之聪明有才年未三十者，在京师听人报名，由总署给照，在外听学政给照等因。光绪二十四年四月十三日奉旨着总理各国事务衙门议奏钦此。查本年闰三月间，准日本使臣矢野文雄函称该国政府拟与中国倍敦友谊，藉悉中国需才孔急，倘选派学生出洋习业，该国自应支其经

---

① 宏文学院编辑：《普通科师范科讲义》第一编杂录。

费；又准该使臣，来署面称，中国如派肄业学生陆续前往日本学堂学习，人数约以二百人为限。经臣等备函致谢，并告以东文学堂，甫经设立，俟酌妥办法，再行函告，该使臣亦称须预议妥章等语。近年以来，日本讲求西学大著成效，又与中国近在同洲，往来甚便，既经该国函请派往游学，臣等公同商酌，拟即妥订章程，将臣衙门同文馆东文学生酌派数人，并咨行南北洋大臣，以及两广湖广闽浙各督抚，就现设学堂中遴选年幼颖悟、粗通东文诸生，开具衔名，咨报臣衙门知照日本使臣，陆续派往，即由出使日本大臣就近照料，无庸另派监督。各生应支薪水用项，由臣衙门核定数目提拨专款，汇交出使大臣，随时支发。该御史所请在京听人报名由总署给照，在外听学政给照，未免漫无限制，应毋庸议。[①]

当时派遣西洋学生均有委员或监督伴同照料，留日学生则由出使大臣照料，此为留学管理上之大变更。学生除同文馆之东文生外，外省者大半不通东文，到东势不能不为语言文字之补习，日人高楠顺次郎于明治三十一年六月（光绪二十四年）首创日华学堂专为中国学生补习语言文字及各种学科。该校章程缘起说：

创设本学堂专在教养清国学生，务使学生从速讲习我语言，谙熟我风俗，并修普通各科之学，而为治专门各科之地步，以期培成其材。盖日本国学校之制有普通之学及专门之学……国民始进小学校后，经二十有余载，克成其业。今

---

① 《约章成案汇览游学门下》。

清国学生离乡负笈，欲按我国学制，淹留多年以毕其业，揆之理势，实属难行。本学堂课程于此，尽心妥筹，务为省功而效于实用，勉就简捷而速成其艺。故本堂课程分为正科、另科：正科则有普通预备科，高等预备科，另科则有预备选科，日语专修科，使学生量力修业以培其基，而后再进大学或高等各学以治专门之学。

该校普通预备科为高等及专门学校之预备，修业期二年，授日语、英语、德语、历史、地理、数学、物理、化学诸科。高等预备科为进帝国大学分科之预备肄业期约一年，功课为法学、文学、工学、理学、农学等。预备选科为曾通普通科之学生拟从速进帝国大学或专门学校而设，修业无定期，大约为二年，功课亦无定，可在高等预备科中选习数科。日语专修科专为愿速说日语者而设，专教日语，肄业期限约一年。

当时学生之赴日者为数甚少，该校沿革章中说：

本学堂明治三十一年六月开办，专为从速教成清国学生，俾之学习言语及普通各科，以为异日精研高等专门各科之地步。初由浙江省求是书院派来文学生四名，本年（明治三十二年，即光绪二十五年）一月由南洋公学堂派来文学生六名，又有公学生及自备资斧而来者三四人，至今年四月由天津头等学堂、水师学堂、二等学堂派来入本堂专学日语者12人。总计学生共有26人。现在延聘各学科、言语科教习共为10位。

此26学生中，计明治三十一年六月入学之浙江陆世芬、陈幌、钱承志、何燏时、汪有龄，十月入学之浙江吴振麟；三十二年一月入学之浙江章宗祥、富士英，江苏雷奋、胡祖泰、杨荫杭、杨廷栋，二月入学之广东陈玉堂，三月入学之广东郑康耆、黎科、张煜全、王建祖，江苏张奎、周祖培，浙江高淑琦，直隶安庆澜、蔡成煜，安徽金邦平，福建沈琨（尚有一人未详）。[1]此校独无同文馆学生，大概同文馆东文生已识日本语言文字不必入该校预备之故。

自此而后，各省均派遣学生去日，私费前往者亦多。光绪二十八年七月留日学生钮瑗等五人因保送士官学校问题约集江苏举人吴敬恒、孙揆均等数十人与出使大臣蔡钧发生冲突，至召日警弹压之事，但当时因需才孔急，并未因此中辍。同年北洋大臣袁世凯奏派武卫右军学堂第三届毕业生55名，由监督一人率赴日本入陆军学堂。光绪二十四年管学大臣张百熙奏派余棨昌、曾仪进、黄德章、史锡倬、屠振鹏、朱献文、范熙壬、张耀曾、杜福垣、唐演、冯祖荀、景定成、陈发檀、吴定栈、钟赓言、王桐龄、王舜成、朱炳文、刘成志、顾德邻、苏潼、朱深、成隽、周宣、何培琛、黄艺锡、刘冕执、席聘臣、蒋履曾、王曾宪、陈治安等31人去日。自此而后，各省公私费生之去日者更多，以后即入极盛时期了，当于第六章中详之。

---

① 《日华学章程要览》（《皇朝蓄艾文编》卷16）。

第五章　西洋留学之再兴

　　自同治十一年派遣学生赴美而后，西洋留学生所习科目均为军事；及闽厂学生停送，虽然出使英美各国大臣随带学生二名至四名出国，但均系襄赞使署文牍，并非专门留学。故西洋留学自光绪八年闽厂学生回国后直可谓之中止。甲午之役，数十年来培植之海军一败涂地，且割地赔款。斯时国人一面鉴于外患之交逼，一面羡日本变法之有成，对于西洋学术已不专慕其坚甲利兵之军事而有物质文明胜我之认识。戊戌之变，虽不曾立将当时革新党之理想实现，但一般民众对于西洋学术之观点却因之而变。慈禧垂帘，因美日等国保护国事犯康有为、梁启超而竭力排外，但时事艰难，对于实学仍须切实讲求，[①]所以光绪二十五年七月军机大臣面奉谕旨着总理衙门议定派遣学生出洋分入各国农工商等校专门肄业以便回华传授办法，该衙门即据以议定章程六条如下：

―――――――

　　① 光绪二十四年九月三十日慈禧太后谕各省书院照旧办理停办学堂原文说："书院之设原以讲求实学，并非专为训诂词章；凡天文、地舆、兵法、算学等经世之务皆儒生分内之事，亦不外乎此。是书院之与学堂名异实同，本不必定须更改。现在时势艰难，尤应切实讲求，不得谓一切有用之学，非书院所当有事也。"

一、请饬出使大臣就现派出洋学生督令各肄专门之学也。查出使各国大臣每届奏带同文馆学生各二员，系专资办文牍之员，自无暇分身肄业。至光绪二十一年冬，臣衙门奏准派学生分驻俄英法德四国肄业，国各4名，共16名，月给薪水银50两，岁需经费9600两，又南北洋及鄂省派赴日本学校各20名，又浙江4名，费由各省筹给，共计已派出洋学生64名。现在出使经费极为支绌，物力甚艰，应先就此项学生察其才性，择尤送入农工商矿学堂肄业，应加津贴并延师经费，准在出使经费项内开支作正报销。又查光绪十二年先后据出使大臣曾纪泽、许景澄咨报转据洋监督师恭萨克熹称出洋学生第一届第二届赴各学堂船炮厂肄业历经各洋官考列，记优次数，分别等第，给予执照。内有能造船械，能开五金矿，能造炮药，能充机器匠首，能充驾驶教习，能办军务工程各若干名，一一注明肄业何堂，从何工师，游历何厂，领有何等官凭，可充何项监工，咨臣衙门立案，上年九月据驻英国使臣罗丰禄文称学生朱敬彝派学制造铁路，王汝维派学矿务，渐有端倪等语，应请饬下各出使大臣，推广办理，并随时照料，稽查功课。

一、请饬选译农工商矿各书，删繁举要使人人易于通晓也。伏查臣衙门同文馆、江南制造局及鄂沪各学，会翻译西书之有用者，已不下数百种，其中如《农学新法》、《蚕务图说》、《农事论略》、《植物学》、种蔗、制糖、养蜂各法，皆农政类也。汽机必以工程，《致富考工记要》、《海塘辑要》、《铸钱工艺》、《电气镀金》、《星轺考辙》、《铁路工程》、《造硫强水法》、《造纸法》之属，皆工政类也。《富国策正续》、生利分利之别，《贸易总册》，皆商政类也。《开煤要法》、《井矿工程》、《冶金录》、《宝藏兴焉》、《西国炼钢》，皆矿政类也。尝见粤刻有《防海新论节要》本，圈点句读，极为简明。西书文多繁复，其不切要者，不妨篇删其句，句删其字，或稍润色之，务使人人易知易行，一览了然。日本人于西学书多加删节而酌改之，得其要领，使适己用，应请饬下南北洋大臣鄂省督抚，各出使大臣，派员翻译有用之书。或聘高材教习如徐建寅、华蘅芳、金楷理、傅兰雅之流，择其于中国土宜物力简当之资，可以家喻户晓，使农与农处，工与工处，商与商交，风气大开，惩劝互用，是与列邦之设博物院劝工场无以异；十年之后，效可睹也。

一、请饬疆吏宽筹常年经费，续派高等学生出洋肄业也。自光绪初年通使西域以来，南北洋闽船政局时有派武弁艺徒已晓方言者，分赴各处工厂肄业之举；或送入法之哈富马赛学堂或赴英之阿姆士庄厂，或赴德之哈次矿厂。学成回华，多有能充教习，才任器师者。现各省应推广筹办出洋后，由出使大臣考校课程大要，以札记译书二事为纲领。

一、出使参赞随员如有精通洋文者，亦可令肄习各学堂也。查历届出使大臣遴选高才之员出洋差遣，本属借资阅历各国政教风俗，与农工商矿各种制度学问，课以日记，归为拜献之资，本系奏定章程。英国中等学堂例定年11以上13以下，方准收入，其上等学堂，则已通翻译者，可以送入。应请饬各出使大臣详查，如有参随人员，已能淹贯语言文字者，择其性之所近，今肄农工商矿各学，习其理兼习其数。如有心知其意，翻订考校，编成专书，实可见之施行者，行之有验，奏明请旨随材录用。

一、俟学生业成回华分派各省农工等艺学堂以开风气也。美国农利甲于欧洲，盖谓农为邦本，故于农政农器最为究心。考百物之异质，审九土之异宜。至各国工政矿务，皆以机器济人力之不足，商政以铁路为纬，以银行为经，讲求不遗余力。学虽分门，实有相成之义，而立国之根基寓焉。现各省设商务局，使官主持，商情之涣者，仍不能聚，徒博虚名，无益实事，不若专设艺学堂，以农工商矿分门课授，先酌聘西教习，一俟业成之艺生回华，即行辞退西教习，悉令此项艺生充当。庶风气广开，可收实效。

一、请将业成回华得有文凭之学生甄别优劣，分发委用，量予官职以资鼓励也。议者谓入外国学堂三年，胜于中国十年。游学之益，幼童不如通人，庶僚尤不如亲贵，此深切时病之言也。俄之前主彼得，愤其国之不强，亲到英和船厂为工役十余年，尽得其制造驾驶之法，归国教练，浸致强大。日本在同治初年，锁港拒敌，旋为美英兵船所乘，发愤求自强之策，历遣梗本武扬、山县有朋、陆奥宗光、伊藤博文等率其徒百余人，游学欧洲各厂，或肄政治工商，或究水陆兵法，学成而归，渐加擢用，损益西法而用之，国势遂日强一日。此遴派亲贵贤能，重出洋之选，其明效大验也。圣明烛微见远，兴学致用，徐图推广，始基立矣。现拟派出洋之员弁学生，资有利钝，成有迟速，向章限三年期满回华，恐未必能速成，自应一律限定六年，学成务以考得优等文凭为度，责成各出使大臣出具切实考语，方准咨送回华。其由同文馆派出者，归臣衙门考试，评定优劣，奏请分发沿海省分差委，其由各省派往者归各督抚考试，一体量材委用，俟有成效，然后准其保奖，酌予升阶，以励成材，而储远器。①

此六条章程的条文很有几分像策论文章，但当时政府对于留学的思想却可看出一大部分，其最重要者（1）注意农工商矿等实业科，（2）节译西书，（3）延长学习期间为六年，（4）提倡亲贵游学，（5）奖励回华留学生。惟一切费用均在出使经费内开支，故名额不曾增加，而当时旧党操权，日以排外为事，第二年（光绪二十六年）七月即有拳匪之乱，此章程实不曾实行，不过开西洋留学以学习实业的新途径而已。

拳匪之乱，卒召八国联军入京，致皇帝蒙尘，祸首被惩，遣使谢罪，赔军费，毁炮台，为中国历史上未有之奇辱。国人经此重创，对于西洋文明固怀羡意，而因日本变法而强之成例，举国人士几无不以变法为图强之道：当时疆臣均以改行新政为言，守旧派因事实之逼迫，亦不能顽强不化，横生阻力。故当时变法之议，已成为朝野一致的舆论。而变法首须执法之人：中国素以闭关自守为能，对于西洋文物少有究研，当然少谙熟西洋之人才，于是培植人才之留学政策极其重要。光绪二十七年八月上谕各省选派学生出洋，同年十二月派张百熙为管学大臣，二十八年张氏召对即奏陈京师大学堂宜派学生出洋分习专门以备教习之用，二十九年在京师大学速成科中选余棨昌等31人派往日本而外，并选俞同奎等16人分赴西洋各国。②

此时日本留学生为数为不少，但西洋因费重道远，往者不多，

---

① 　《约章成案汇览》卷32上。

② 　除俞同奎外为何育杰、周典、潘承福、孙昌炬、薛序镛、林行规、陈祖良、邓寿佶、程经邦、左承祉、范绍濂、刘光谦、魏渤、柏山等15人。

故光绪二十八年九月初四日上谕各省督抚筹款选派学生去欧美各国求学。① 而坚甲利兵的思想仍充满大僚脑中，二十九年所以两江总督张之洞在江南水师学堂调选毕业生8人去英习管轮与驾驶，由陆师学堂选8人去德习步骑炮工各科。同年鄂督端方在湖北各学堂中选8人赴德，10人赴美，4人赴俄，24人赴比，② 并派曾在美国肄业学成而归之候选同知施肇基为美法两国留学生经理，派德国留学生监督户部员外郎阎海明兼充比国游学监督。

此为西洋留学进行之初期。自光绪三十年至宣统末年，除清华学校之设立与美国留学有特殊关系当专章论列外，还有比国留学，西洋留学通则与欧美陆军留学三事，在西洋留学史中很为重要，兹分述之。

光绪二十九年端方即曾派学生24人至比习实业，但系一省的特殊情形，并非通例。光绪三十年出使比国大臣杨晟因比国学制大备，学费较廉，奏请饬各省分遣学生去比学习路矿制造等科，拟定章程12条，于斯年十二月批准。照章程规定每省自40人至10人，学额几与后来留日学生相等，当时各省虽不能照此派遣，但中国路矿人才以留学

---

① 原谕云："前经降旨饬令各省调派学生出洋游学以资造就。闻近来游学日本者尚不乏人，泰西各国或以道远费多，资选甚少，亟应广开风气，着各省督抚选择明通端正之学生，筹给经费，派往西洋各国讲求专门学问，务期成就真材，以备任使。"

② 张之洞派赴英德之16人姓名不详。端方派赴德国者为锦铨、杨祖谦、李人铎、吴连、庆善明、宾步程、陈策、马德润、陈篆并顺至法国求学；往美国者为刘庆云、姚臣憩、程毓磷、陶德琨、朱启烈、徐家琛、张继业、杨恩湛、雷以纶、卢静恒；赴俄国者为肖焕烈、夏维松、严式超、刘文彬；所学科目未详。赴比国者为杨荫蕖、吴国良、汪钟岳、罗葆寅、胡秉柯、魏震组、贺子才、史青、黄大伟、禄崇、姚业经、杨循祖、邓风池、刘祥云、许熊章、喻毓西、程光鑫、刘荫勤、李光驷、王治辉、胡瑞年、李以祜、陈宽阮、李彪；学习之科目统名实业。（以上均见《约章成案汇览》卷32下）

比国为多，实杨之力。兹将其订定之章程录下：

一、学生以实年15岁左右，资质聪颖，举止端严，身体强壮，文理明顺四者俱备为合格。

一、各省挑选学生，视省分大小财政赢绌，每省至多40人，少者10人，由督抚酌定额数，通饬各学教职查取近两案入学新生，年在16以内者，询其父兄，如愿令出洋游学，即以所选诸人申送该管知府，俟各县取齐，试以中文，不必问其曾习西文与否。该府摊送几名，照第一条年格择尤送省。查未冠入学，岁科两试多有之，求之一省尤易。虽中文未必即佳，然当不失为明顺。挑选须秉至公，不得瞻徇情面。

一、各学合格者如不足额，可就该省高等学堂暨各府中学堂专取中文佳者充之，不必定选生员，但此项宜居少数。

一、各生由府送省照定额外多数人，由督抚亲加考察，面考中文，一一合格，发交首府，安置总所。派老成委员，与之相处旬日，默察性格行为，即于多送之数，别其较逊者。名数既定，咨报京师学务处备查。

一、各省派生，远近迟速，势难一律。凡总督兼辖如苏皖赣三省暨其他邻省，可先期会商合计学生五六十人，公派一知法文或英文委员，择数省适中之地会齐到沪，先通知江海关道，预购外洋公司二等船票，由原送委员导之出洋。若偏省无解西文者，但派员送沪，俟有数十人，交江海关派员代送，该员送至比京即行回华。

一、现与比文部商定，每生师修房膳岁1200佛郎，衣服冠履岁100佛郎，均缴学堂代办。各生添置书籍，一切零用，岁300佛郎，摊给学生自理。合计一人共需1600佛郎，不足华银500两。

一、学生入堂应请比文部派一司员，使署派一随员稽察功课，监视起居，兼司支应。均宜酌贴旅食川资，计一生岁出24佛郎，如十生则给240佛郎。随员学费并汇。

一、汇费之法，假如一省派出十生，则于订定月份，由上海华比银行汇比16，240佛郎，多者照增。银价低昂无定，而学费之佛郎有定，核准照汇，可免终岁造报之烦。各省应汇佛郎若干，届时电询江海关道佛郎市价，合银兑解。

一、游学生间有在华留支一项，今所派年未及冠，未能自谋薪水，或从宽每生岁给数十金令该家属就近支领，或俟二三年后，资格可入专门学校，再议及此。亦隐寓鼓励加功之意。如何办法，各省必会商一律，免致偏枯，并即咨明使署。

一、学生来后，拟习何项专门，即于出洋时注入名册。性不相近，亦须酌改，但不得任意纷更。

一、学生年幼，文理粗通，间断岁久，必致荒芜。宜将中文应读之书携之出洋，以余力温习。大约七年学成归国，再习华文二年，便有可观。

一、人数既众，难保无一二荡检逾闲不安本分者，当给三等船票立饬回华，川资由该省照拨。至历年学费，应由督抚追缴，不得宽免。①

当时派遣学生虽由各省自筹款项，西洋虽然是费重道远不如去日本之易，但当时政府提倡不遗余力，且设奖励及禁令（详下章）以督

---

① 江宁《学务杂志》丙午年第二期（江苏出版）。

促之，去西洋求学者亦逐渐日多，于是光绪三十年由外务部与学务大臣本从前派遣幼童学习西艺（武备、制造、农、工、商等）之遗意，共同拟订游学西洋简明章程六条，范围学生。除第六条专属学费之规定俟留学经费章中再为引述外，兹录其前五条于下：

1.英美德法于武备制造农工商诸学各有专门，一时推重；比利时路矿工艺，素所擅长。学者必通西文，乃有门径，否则授受无从浃洽。宜择年自15至25已通西文者出洋，期以三年五年，学成致用。此项学生径入专门学堂，可由使臣派参随兼察，以省专派监督之费。

2.不通西文则宜选实年十四五心地明白文理晓畅者出洋，从语文入手，勿以年长充数；盖20以后，舌本偃强，学语不易，一也；年长好生横议，迫胁幼者，二也；跅弛不羁，难于约束，三也。至中文毫无根底，则无以造就通才，尤当择之于始。

3.游比学生间有曾涉猎英文东文者，一入比国，语文不同，前功尽弃。查直隶、江苏、广东、福建等省，久设方言学堂，且有西士设馆，其中以英法文为多，德俄较少。若出示招考，当有应选者。以向习某国语文遣游某国，必收事半功倍之效。惟美通行英文，比通行法文，游学美比即选习英法文者可也。

4.边省腹省，风气晚开，欲遣游学，势难绳以必通西文，宜照第二条年格选派。拟往某国，先择熟谙某文一员导之出洋，赁屋延师，居中翻译，名曰帮教习。并监其起居，达其谣俗，俟普通毕业再入专门。若各省续派学生，仍令接办；盖熟谙西文得众学生难，得一译员易。惟必系品端学粹，不得用市井通事，一知半解者以致自误误人。薪水奖叙，均照出使章程随员例。再各国语文有兼尚者，如游美译员宜用英文，游比译员宜用法文，游德与俄能得通其国文者固善，否则德以英文，俄以法文亦可勉强通用。

5.学生出洋如无监督，应由使臣随时约束考察，毋得沾染习气，不求实学，买椟还珠，为世诟病。其有顽梗不率教，玩愒不力学，荡轶闲检，有损颜面者，屡戒不悛，即当饬送回华。由该省追缴学费，以示惩儆。[①]

由章程所规定者看来，我们知道当时国人对于西洋各国之认识还只以西艺为限，而不及其政教。此外条文中还有三事当注意者：

1.通西文者三年或五年即可学成致用，且能送入专门学堂。

2.因幼者易于学习语言，故选15岁以下之儿童。

3.由译员导学生出洋。

第一项规定将语言与科学混为一事：以为能通其语言者即能直入其专门学校，近日社会上以留学生为万能之弊习与此不无关系。第二项固有一部分理由，但派遣学生之目的原在为国家造成通材，而选择不明国情之幼童出国，结果只是外国化。第三项则由于不明研究学术之性质所致，虽无大影响于未来学术，但亦足见当时国人之思想。

光绪三十年练兵处曾拟订专章选派学生去日学习陆军，而各省军队因改习洋操，教练需人，亦经遣学生赴日本及欧美学习军事（江督

---

① 《光绪新法令》第13册，页106。

张之洞即于二十九年派水师陆师学生16人分赴英德），为管理便利，练兵处于光绪三十二年订定陆军学生游学欧美暂行办法12条，兹录于下：

1.各省旗拟派学生赴某国学习陆军，须先将人数及就学年限咨商练兵处核定，送处考验合格，方准派往。

2.选择学生应按左列之格式：

（1）身家清白，品行纯正，志趣远大，情性朴诚素无嗜好过犯者；（2）中学必须文理晓畅，能解释经史大义者；（3）所派往某国之语文必须通晓，以有三年以上之程度为合格；（4）年岁限15以上，24以下；（5）相貌须魁伟，五官须端正，四肢须灵活，言语须清楚，声音须宏亮，耳力须聪达。

3.各省旗选定后，将该生姓名、年籍、三代、履历、学谊、品格，并非独子及承重，出具确实考语，咨送练兵处，以便汇齐考验；如不合格，仍行遣回，由原送省旗酌送相当学堂肄习。

4.学费川资，均由各省旗自行筹备汇寄出使该国大臣兑收。惟为数若干，须于派送学生以前，将预算节略呈报练兵处核定。

5.学生每月杂费及考入专门学堂，陆军大学堂，或随队习旅行野操，或秋后大操等一切必应加增等费，则由出使该国大臣督同监学或管理员临时酌定，并咨练兵处以备察核。

6.所派学生如人数众多，应由本处遴选明达廉介之员，前往该国监学；如所派学生人数较少，仍由出使该国大臣管理，另于使馆随员内慎选一员，经理学费。惟人数之多少，事前未能预计，俟各省派定学生名额后，咨由本处临时酌量办理。

7.本处所派监学专司照料游学一切事宜，并有考察约束之责。凡遇重要事件，应随时禀承出使大臣办理。

8.出使该国大臣，有督察学生之权，须随时悉心考核各学生之品行学业，按年终督同监学造册，咨送练兵处，及原派之各省旗将军督抚，以备察核。

9.查第三条内业经声明孤子承重不与挑选，则学生入学后，即不准请假回籍；倘遇亲丧大故，应援钦定中枢政考武职亲丧，参将以下官员军务调遣，不准给假治丧成例，一律办理。容俟毕业回国考核分数，颁给执照后，酌给假期，补行守制。

10.学生如骧行废学者，由出使大臣儆斥，如仍不知改，即咨明本处斥革，并令原送省旗追缴历年经费，其有实系资质驽下，难望成材者，亦应随时咨退，酌饬免缴学费。

11.凡从前已经各省旗派往各国学习陆军学生，亦均照此章程办理。

12.学生在各国毕业回国，由练兵处就其历年所学，一一考试，分别等第，照章授职，仍分发原派省分，按职酌量录用。[①]

由此规程所发生的实际影响如何？其详无从考知，但以后欧洲陆军留学生之派遣却以此为重要根据。资格中有中文必须文理晓畅，能解释经史大义，较之外务部及学务大臣所订之简明章程专以西文为重

① 《光绪新法令》第14册。

者反为扼要，是亦可注意之一事。

　　欧洲之英德法俄比，美洲之美国均有学生，其他各国惟奥派遣学生有史可稽，主其事者为江督周馥，①余则不知。

---

　　① 准出使奥国大臣杨晟函："本年二月间在维也纳宫谒见奥主，谓中奥两国夙敦睦谊，比闻中国整军经武，深愿协助。从前曾有学员来奥练习陆军，倘此后有人续来，定必切饬教习武员，尽心指授等语。查奥国陆军讲求，根底最为精详，从前曾派员前往练习，颇著成效。现驻德使臣荫昌即为从前留奥学员之一。今奥主极意联欢，若派学员来奥学习，当必周妥。……兹拟遴选普通德文之学生十名，前赴奥国，就其才性艺学加习马步工辎等项武备，以为行阵储材。所有汇支学费及稽查约束等事，即由驻奥使臣就近照料，无庸专派监督，以省繁费。"（《学务杂志》丙午年第二期）

第六章　留日极盛期

自光绪二十七年经过拳匪之乱而后，变法之要求益切，一切新政均须人办理，于是疆吏之奏新政者无不以游学为言，斯年八月初五上谕各省派遣学生，加以奖励与限制的督促，自二十七年至三十二年五六年间，留日学生达万余，实为任何时期与任何留学国所未有者。留日与我国政治、文化等之关系极大，兹分为造因、速成生与普通生、陆军生、特约生四项言之。

甲　造因

留日学生何以在五六年间增加到一万余人？此实一可注意之问题。据中九君最近在《中华教育界》发表的论文，留日学生之所以多，有路近、文同、时短、费省及留学生头衔好与国内政局不安六种原因，①后一种在光绪年间还说不到，第五种为留学生底普通心理，

---

① 中九：《留学日本问题》（《中华教育界》第15卷9期）。

不只以留日者为限，前四种确是重要原因，但仅只有此种原因，还不足以造成那样结果：因为光绪二十七年以江苏底风气开通，政府招选留日学生尚不过20人，①便是明证。何以数年后人数激增？此不得不从当时政府底功令去研究。而与此功令最有关系者要推张之洞。

张之洞时为湖广总督，兴办实业，励行新政，提倡游学更力。光绪二十四年著《劝学篇》论变法之要，奉旨刊行，其中有一篇专论留学，从历史与现状上述留学之必要，而特别置重留日。他说：

> 出洋一年胜于读西书五年，此赵营平百闻不如一见之说也；入外国学堂一年胜于中国三年，此孟子置之庄岳之说也，游学之益，幼童不如通人，庶僚不如亲贵……日本小国耳，何兴之暴也？伊藤、山县、榎本、陆奥诸人皆二十年前出洋之学生也，愤其国为西洋所胁，率其徒百余人分诣德、法、英诸国，或学政治工商，或学水陆兵法，学成而归，用为将相，政事一变，雄视东方。……至游学之国，西洋不如东洋：一、路近省费可多遣，一、去华近易考察，一、东文近于中文易通晓，一、西书甚繁，凡西学不切要者，东人已删节而酌改之，中东情势风俗相近，易仿行，事半功倍，无过于此。若自欲求精求备，再赴西洋有何不可。

---

① 苏抚聂缉规奏派学生出洋游学片说："据苏州布政使陆元鼎署江苏按察使朱之榛曾详苏省中学堂甫议改为大学堂，尚无毕业生堪以出洋游学，惟元和县举人陈懋治等愿赴日本学堂专习师范陆军农学等事……臣询之九月间赴日本阅操回华各员，均称所设各学堂规模整肃，功课认真，图书仪器无乎不备；资遣游学，实为要举。现在学堂内毕业生无人，各属呈请游学者亦尚不多，暂以20人为定额……"（《光绪谕折汇存》卷21，页30）

光绪二十六年十二月上谕各大臣于两个月条议变法要项，他于二十七年同两江总督刘坤一两人覆议新政第一折中，筹拟四条，其四条即为奖励游学，亦特别注重日本。原折说：

学堂固宜速设矣，然而非多设不足以济用。欲多设则有二难，经费巨，一也；教习少，二也。求师之难，尤甚于筹费。天下州县皆立学堂，数必逾万，无论大学小学，断无许多之师，是则惟有赴外国游学一法。查外国学堂，法整肃而不苦，教知要而有序。为教师者，类皆实有专长，其教人亦有专书定法。凡立一学，必先限定教至何等地位，算定几年毕业，总计此项学业，共须几年，若干时刻，方能教毕，按日排定，每日必作几刻工夫，定为课程，一刻不旷，如期而毕，故成效最确，学生亦愿受教。而教法尤以日本为最善：文字较近，课程较速，其盼望学生成就之心至为恳切。传习易，经费省，回华速，较之学于欧洲各国者，其经费可省三分之二，其学成及往返日期可速一倍。江鄂等省学生，在日本学堂者多，故臣等知之甚确。此时宜令各省分遣学生出洋游学。文武两途及农工商等专门之学，均须分门认习。①

在第三折说：

惟游历实效，以遍游欧美日本为全功，而以先游日本为急务。盖游历者若无翻译相随，瞠目泛览，仍无所得。东

_____

① 《光绪谕折汇存》卷21。

瀛风土文字，皆与中国相近，华人侨寓者亦多，翻译易得，便于游览询问，受益较速，回华较早。且日本诸事虽仿西法，然多有参酌本国情形斟酌改易者，亦有熟察近日利病删减一通者，与中国采用，尤为相宜。[①]

以上是他们提倡留日的用意。更有两种方法促之实行，即积极的奖励与消极的限制。张之洞与刘坤一底《议覆新政》第一折中说：

再官筹学费究属有限，拟请明谕各省士人，如有自备资斧出洋游学，得有优等凭照者，回华后复试相覆，亦按其等第作为进士举贡。如此，则游学者众而经费不必尽由官筹。

这是奖励的方法。他们在覆议新政第三折中，更举出限制的办法。原文说：

拟请明定章程，自今日起，三年以后，凡官阶、资序、才品可以开坊缺、送御史、升京师、放道员者，必须曾经出洋游历一次；或三年或一年均可。若未经出洋者不得开坊缺、送御史、升京师、放道员。

张之洞等奏定学堂章程之学务纲要中并有一条题为"各省办理学堂员绅宜先派出洋考察"，以日本为必到之地。原文说：

学堂所重不仅在教员，尤在管理学堂之人。必须有明

---

① 《光绪谕折汇存》卷21。

于教授法管理法者实心从事其间，未办者方易开办，已办者
方能得法，否则成效难期，且滋流弊。各直省亟宜于官绅中
推择品学兼优，性情肫挚，而平日又能留心教育者，陆续资
派出洋，员数以多为贵。久或一年，少或数月，使之考察各
学堂规模制度及一切管理教授之法，详加询访体验，目睹外
国教习如何教，生徒如何习，管理学堂官员如何办理。回国
后分别派入学务处暨各学堂，办事方能有实效而无糜费。欧
美各国道远费重即不能多往，而日本则断不可不到。此为办
学者入门之法，费用万不可省：即边瘠省分，亦必派两员。
若仅至日本考校半年，所费尚不甚巨。倘不从此举入手，恐
开办三四年，耗费数万金，仍是紊杂无章，毫无实得也。

自经此种奖励与限制的督促，于是学者群起：因考察无资格为学
业的限制，而国内骤改学校，又急需人才，于是去日者大半以习速成
与普通为目的。第一期速成生即由此种因。

乙　速成生与普通生

速成生分师范与政法两种，普通生即日本所谓中小学学生，当时
去日之习普通者大半为专门预备科之性质。当光绪二十九年，张百熙
等奏定《学务纲要》，对于师范教育极力提倡，惟一时苦无师资，乃
规定派遣学生出洋学习。该纲要原文说：

> 各省城应即按照现定初级师范学堂、优级师范学堂及
> 简易师范科、师范传习所各章程办法，迅速举行。其已设有
> 师范学堂者，教科务合程度，其尚未设师范学堂者，亟宜延

聘师范教员，早为开办。若无师范教员可请者，即速派人到
外国学师范教授管理各法：分别学速成科师范若干人，学完
全师范科若干人。现有师范章程，刊布通行，若有速成师范
生回国，即可依仿开办，以应急需，而立规模；俟完全师范
生回国，再行转相传授，分派各府县陆续更换庶不致教法茫
然，无从措手。①

此令颁行而行，各省派遣学生去日学习师范者甚多，光绪三十
年，留日学生已达1300余人，而学文科者1100余人，②当时所谓文科
即师范科法政科与普通科，非现在大学分科之文科。去日者众，在国
内又未曾受过新式学校教育，语言科学均不足入日本正式学校，于是
日人特专为中国学生设校。此类学校甚多：陆军方面有私立之成城、
振武，法政方面有私立法政大学，普通补习与师范方面有宏文学院为
最。宏文学院为日本东京高等师范校校长嘉纳治五郎所设，嘉纳素留
意中国事情，明治二十九年以后，中国派遣之非陆军学生大半由其教
导，三十五年（光绪二十八年）学者日众，他在东京牛込区西五轩町
专为中国学生创一校，名弘文学院，③专教日语日文及普通学科，后

---

①　《光绪新法令》卷11。

②　出使日本大臣杨枢三十年正月奏陈兼管学务情形折云："现查各学校共有
中国学生1300余人，其中学文科者1100余人，学武科者200余人。"（《约章成案汇
览》卷32下）

③　《弘文学院沿革概说》云："清国学生之来实日多一日，然而我国之学校
皆为本邦学生而设，从未有专为清国学生所创设者，故此新来学生概少精通日语，
而于攻学之途实多阻滞，嘉纳深以为缺憾，于是洞察清国情势，三十五年于牛込区
西五轩町创设一校，名曰宏文学院以备招多数学生，先授日语日文及普通学科，是
即今日宏文学院之滥觞也。尔来东游学生不问官费自费均来学于此，卒致今日之盛
大焉。"

特设师范科，修业年限由半年至三年，教以教育、心理、论理、教授法、管理法等科。此外东亚同文会所设立之东亚同文书院与私立早稻田大学，亦均有特殊设施，专收中国学生。同文书院重普通科，早稻田于普通外并设优级师范科。光绪三十年以后各省学校之教职员最大多数均系留日师范生，各地谘议局人员，多留日法政生，大半为此等速成生也。

普通生者为在日本受中小学补习教育之学生。此种学生或因年龄过幼而不能入师范，或因有志深造而受专门学校之预备教育，虽亦有中小学应有之课程，但主要科目均为语言及文字。因当时对于留学生极力奖掖，资格又无限制，所以去者众：光绪三十二年已八千，[①] 三十三年达万余，但习速成与普通者占最多数。[②] 三十二年学部通咨各省限制留东学生资格："凡欲入高等以上学校及各专门学校者必有中学以上毕业之程度，且通习彼国语文方为及格"，"习速成科者或法政或师范必须中学与中文俱优，年在25岁以上，于学界政界实有经验者方为及格"，[③] 而中国《留日学生教育协会》亦限制速成科学生。[④] 自光绪三十三年与日本五校特约后，此项学生即逐渐减少。

---

① 据明治三十九年大隈重信宏文学院讲义录序文。

② 光绪三十三年十一月三十日学部奏定日本官立高等学堂收容中国学生名额折说："……比年以来，臣等详查在日本留学人数虽已逾万，而习速成者居60%，习普通者居30%，中途退学辗转无成者居56%，入高等及高等专门者居34%，入大学者仅1%。"（《学部奏咨辑要》）

③ 光绪三十二年二月十九日学部选送游学限制办法电（同上）。

④ 该会约款第三款第四款说："一、普通教育速成科及名非速成而实则速成者皆暂成停止；一、普通科及师范科学年应延长三年以上毕业。"

丙　陆军生

拳匪之乱，中国受创最深，辛丑条约迫于势之无可如何，忍辱签定，但当时朝野上下固不曾自甘暴弃，而亟思图强：兴学校，练新军为当时最重要之政务。办理学校需材，故特派人习师范，练兵需材则派人习陆军。光绪二十四年浙江即曾派学生四人习陆军，[①]以后江鄂各省亦间有派遣，但未成为正式政策。光绪三十年正月出使日本大臣杨枢奏陈兼管学务情形，盛称日本陆军之成效，主张多派学生前去，斯年四月练兵处据以奏定《陆军学生分班游学章程》16条，中国始按年派遣大批学生至日本振武学校（士官学校之预备学校）士官学校。杨枢原折说：

奴才祷昧之见，以为日本陆军经营数十年，成效最著，中国似宜添派学生来东，专送入陆军各学校，以期成就远大，用济时艰。曩者，日本陆军诸将佐曾与前总监督汪大燮言及中国学生在陆军各学校肄业者，系有陆军大臣奏明日皇拨发库款添建屋宇，加派委员教习，别给薪俸，使专理其事。第中国于此等学生时派时止，或多或少，颇难办理，嗣后宜定额数每岁或派二百人或百余人，或两次或一次，分班来东，入校肄业，则屋宇俸薪，不为虚设等语；近日诸将佐又以前言向奴才面述，具见彼国实有期望中国振兴陆军之意。考日本陆军教育系以忠君爱国，顺服长官为宗旨，并无

---

① 明治四十年《振武学校一览沿革略》（日文）。

侈言自由，与政府反对之弊。惟是学陆军者，每岁所费较多于学文科者数倍，非自费生所能备办，似宜以官费培植之，俾资造就。即如日本现在尚不惜巨费，岁派成材数十人游学欧美，其用心深远，可为借鉴。查管学大臣张百熙等近已奏派学生三十余人来东，送入文科各学校肄业，惟当此列强环伺，我围孔棘，武科较文科更重，未可缓图。虽各省督抚近亦有选派武学生来东肄业者，然为数有限，恐不敷干城之选。应否饬下各省将军督抚于世家宦族内遴选文武兼资之少年学生添派来东，分定班数人数，送入陆军各学校肄业，以广将才而资录用之处，出自圣裁。①

光绪三十年四月练兵处奏定之章程16条原文如下：

1.选派学生须分年派往，拟以四班为一轮，每年选一班，每班一百名，至第四年四班送齐后，如须变通办理，届时另行核议。

2.选派学生各省须有定额，京旗直隶、江苏、湖北、四川、广东各六名，奉天、山东、河南、安徽、江西、浙江、福建、湖南、云南各四名，山西、陕西、甘肃、广西、贵州各三名，江宁、杭州、福州、荆州、西安、宁夏、成都、广州、绥远、热河、察哈尔、密云、青州十三处驻防各一名，计共一百名为第一班。以后三年均照第一年办理，如各省旗有愿多派者亦可，但不得倍于原派之数，以示限制而免纷歧。

3.凡已设武备学堂各省旗，其学生应在该学堂内选派，

若未设学堂之处，则于文武世家子弟内选派，但须合以下所订之格方准派往，如选不及额，即由练兵处就近选派补足，以符定数。

4.所选学生必须身家清白，体质强壮，聪明谨厚，志趣向上，并无暗疾嗜好，于中学已有根底，武备各学已得门径，年在18岁以上，22岁以下者为合格。其未设武备学堂之处，于武事本未谙习，而经史时务之学必须优裕。选定后，由各省旗开具各生姓名、年籍、三代、履历、学诣、品格与已习武备之生一并咨送练兵处考验，合格者由练兵处汇送驻日大臣，转送学校肄业，不合格者遣回。

5.选送学生须有定期，各省旗均应预计程途远近咨送，务于每年七月初旬齐集练兵处以便考验派往，于八月间到日，庶免暑假中虚耗时日之弊。

6.咨送各生应由练兵处选派一监督专司考查约束，即作为驻日使署武随员，归本国驻日大臣节制。

7.第一轮学生共计400名，其往返川资每名约需银200两，常年经费每名每年约需银300两，开办第一年学生仅百名，以后额数逐年递加，款亦递增，计第一年共需银4万两，第二年7万两，第三年10万两，第四年13万两，第五年又减为10万两。以后每班毕业生逐渐回国，费即递减。如有资质超异，学业精勤，能考入陆军大学校及各专门学校者，尚须加给经费，应需若干，临时筹济。

8.学生川资学费由练兵处等五成，余五成由各该省旗筹备，须指定专款，以免贻误。其款定于每年七月前解交练兵处，汇付驻日大臣转交各学校及陆续支付各生。

9.学生用费各省旗选派若干名者，第一年即按若干名额应摊之费解交，以后第二三四五等年，按数递为增减。其留入大学校及各专门学校者另计。至各旗中如有实在款项支绌，万无可筹者，则统由练兵处发给，惟各生治装费来京川费，及不合格者遣回川资，均由本省本旗发给。

10.各生除学费外，每名月给杂费银五元，按月亲赴练兵处所派之驻日监督寓所支领，其有考入大学校及各专门学校者，由练兵处酌量加增，如随队习旅行野操及秋后大操一切费用则由驻日大臣督同监督临时酌定，咨明练兵处发给。

11.学习兵事，专为国家振武之用，自应由官遣派，不得私自往学，其有现时业经在日习武之自费生，应由驻日大臣及监督察其志趣向上，学业精勤，年限未满者随时咨明练兵处，贴给旅费，改为官费生，以资造就。自此次定章后，凡赴日学习武备之自费生，即行禁止，以归一律。

12.驻日大臣有督察学生之权，须随时悉心考校各学生之品行学业，按年督同监督，造册咨送练兵处，以备查核。

13.此次咨送学生及以前公私费各学生，倘有窳行废学者，由驻日大臣随时儆斥，如仍不知改，即声叙该生行径，咨回练兵处惩办，并追缴官发历年经费，其有实系才力不及，难望有成者，亦随时咨由练兵处遣回原籍，免其缴费。

14.查日本振武学校专为中国学生而设，其间规模教育如有未尽美备事宜，应由驻日大臣商同日本在事各官酌量修改，如有应需零星款项，亦由驻日大臣咨由练兵处筹给，并由驻日大臣商订中国学生充见习士官后入大学校及各专门学校章程。

15.振武学校教习应由中国筹给津贴，其余各学校教习，应于每班学生毕业后由中国给予优奖，其津贴数目及奖励规条应由驻日大臣与日本在事各官商酌办理。

16.学生在日本士官学校毕业充见习士官期满，除考入大学校及各专门学校外，其余回国由练兵处就其历年所学一一考试。最优者奏请授职守备，次者授千总，次者授把总。此项武职即作为该学生等出身，开写履历，均按授职之年系以某某年守备千把出身字样，俾与保奖武职示有区别。如该学生本有官阶，即照其原有之官晋一秩，若系文职亦照原品晋一秩，入营带队，以相当之武职借补，而其出身仍均系以守备千把等职。其由大学校及各专门学校毕业回国者，则比照此例，分别加升。其应考各员授职后，即分别咨回各本省以营队官及陆军学堂教习酌量录用。[①]

此规程发布以后，各省旗即照着办理。当时派遣去日学习陆军之学生，首入振武学校补习，毕业后入士官学校。明治三十一年（光绪二十四年），浙江派官费生四名去日习陆军，由日本陆军部委托成城学校设施预备教育，监理委员长为陆军中将福岛安正。三十六年（光绪二十九年）学生渐多69名，由成城学校教授藤井及小山两步兵少佐为委员，专办训练中国陆军学生，改为振武学校。三十七年（光绪三十年）十月，练兵处首选学生百名去该校。修业期限最初为15个月以上，明治三十八年八月改为18个月以上，三十九年五月改为3年。课程分普通学与军事学两种：普通学为日本语文、历史、地理、数学、物理、化学、博物、图画八科，军事学为徒手教练、枪械教练、部队教练测量及战术等。主持校务者为福岛安正、尾野实信（步兵中佐）、三原辰次（步兵少佐）等。成城时代之学生，公费自费各半，

---

① 《游学成案汇览》卷32上。

以后官费生渐多，明治三十七年后已无自费生，[①]明治四十年学生达330名。此校设立之目的，原为士官学校施预备教育，而校规又极严厉，[②]足符杨枢"忠君爱国，顺服长官"之称誉，故中国陆军生之去日者均托其教育。卒业于成城及该校者计明治三十三年（光绪二十六年）39名，三十四年22名，三十五年7名，三十六年89名，三十七年49名，三十八年21名，三十九年（光绪三十二年）202名，总计已529名。[③]明治四十年在校之330名亦陆续毕业，而毕业该校者最大多数入士官学校。20年来中国军界之重要人物底姓名，几十之九可以从明治四十年振武学校一览之学生名册中查出，其影响于中国军政者可谓大矣。

丁　特约生

自光绪二十九年以后，去日学生多除习速成师范及法政者大半为普通生。三十二年六月留日学生已达至二三千人，习速成者占最多数，已足以应急需，故学部通令各省无官费，私费，师范，政法速成

---

①　光绪二十九年以前去日习陆军者公私费均有，二十九年外务部札驻日游学生监督禁止私费生入士官学校，便无私费生。

②　振武学校学生入校须填誓约，誓文七条如下：

一宜照规专攻学术，决勿稍惑世论干涉政事；一宜以顺上为要道，常克遵守纪律以昭敬顺；一宜常养耐劳忍苦之性以期缓急并克胜任；一宜尚威重：起居有节，进退有度。农帽必整，仪容必肃，凡浮靡惰慢之习一切力祛以重体面；一本校所有功课即为军学之门，均应一意讲求，勿敢私议功课轻重；一阖校学生均是同国之士，自应敦睦厚谊，互相规劝，庶不致乖切偲辅仁之道；一凡方遇本校将校教官职员等官，无论何处，均当照式起行敬礼。

③　本段根据明治四十年四月《振武学校一览》摘译而成，誓约七条并见该书。

生一律停派。而普通教育去日学习既不经济，即在日毕业者亦因专门学校之学额的限制而不能入学。光绪三十三年留日学生普通毕业愿入该国官立高等以上学校者有2000人以上，势不能不设法收容。于是由出使大臣与日本文部省（教育部）商定自光绪三十四年起15年内第一高等、东京高师、东京商工、山口高商、千叶医专五校每校共收中国学生165人，经费由各省分解，直至大学为止，此为政府使留日学生研求高等学问之始。当时学部拟订章程九条，奉旨照准施行。此九条章程为留日特约生之根本，除各省分年摊认经费数繁而寡要外，余照原文分录于下：

一、由出使日本大臣与日本文部省约定以光绪三十四年为始，15年之内，每年东京第一高等学校收容中国学生65人，东京高等师范学校收容中国学生25人，东京高等工业学校收容中国学生40人，山口高等商业学校收容中国学生25人，千叶医学专门学校收容中国学生10人，均由中国给以补助费。

一、此项学生由公使择取品行端正，汉文通顺，普通学已毕业之人，送交各该学校行竞争试验，拔其学力最深，程度与日本学生相等者，以充其选。入选者不拘省分，不待补额，即行给以官费，以资鼓励。

一、此项学生之补助费及学费，每名平均每年日币650元；入第一高等者应并将来入大学之学费计算，约计以8年毕业，入专门学校者，约计以4年毕业，应于22年内，由各省分任此项经费，以期易于集事。

一、直隶、奉天、山东、河南、江苏、江西、安徽、浙江、福建、湖北、湖南、广东、四川等大省分，每省分任每年添学额九名之经费，吉林、黑龙江、山西、陕西、甘肃、新疆、广西、贵州、云南等小省，每省分任每年添学额六名之经费。

一、此项经费由各省按所定之数分四季汇交出使大臣，随时支用，每年由出使大臣造详细报销，咨报学部查核。

一、各省既认解此费以后，应即停派各项官费学生，又各省官费缺出，概不补入一节，应照上次奏定管理章程切实施行，以纾财力。惟已考入官立大学，及官立高等专门者改给官费一节，系与此章程并行不悖，应照旧办理。

一、此两年内在日本预备普通毕业者甚多，尽敷各高等学校考选新生之额，但两年以后应由各省续派中学毕业生前往日本应考入各学校之预科，以备将来入各学校考选新生取材之所。惟该生等肄业预科之际，应令自筹学费，至入高等后，始改给官费。

一、以上各校之官费学生，既由竞争试验而得，则所取名额，断难画分省界各省均匀。惟其学费补助费既为各省所摊派，则此项学生毕业后，宜分归各省效力义务，不准他省奏调，以昭平允。应于每年毕业之前，由出使日本大臣将本年毕业学生，咨送学部，按各省认解经费之多少，将毕业学生如数分配。凡本省之人先尽本省任用，如有余则签分邻省，邻省有余，更分签较远之省。如该学生有亲老等情，确实不能赴远省者，应于未掣签之前呈明，既掣签后，不得更改，并不得由他处奏调。

一、义务年限之久暂，应以给发官费之年限而定。凡曾领官费若干者，即应尽义务若干年，在义务年限内，仍应给予薪金。惟其薪金应比寻常聘用之员为略减，而每年减少之数，即照其游学时所给官费之数扣除。

当光绪三十三年出使日本大臣与日本文部省约定五校年收中国学生165人，原系鉴于在日习普通者众，熟知国内学校逐渐发达，去日习普通者亦渐减少。自光绪三十四年至宣统二年，五校已收中国学生460余人，但据游学日本监督调查，在日习普通者日少，预计两年后即有不敷高等五校考选新生名额之虞，而国内中学之外国语文以英语为本位，毕业生去日对于日文日语仍须从新预备，又不经济，于是学部于宣统三年六月奏请在京设立日本高等五校预备学堂，收中学毕业生补习日语日文三学期遣往日本与在日学生同受五校竞争试验。惟未几革命事起，此事亦搁置不曾实现。民国成立，五校特约仍继续有效，惟各省经费不能按时摊付，甚且数年不寄一文，虽曾由中央贴付若干，但终不足额，至现在则期限已满，更无一定拘束了。

附：日本文部省中日间之教育设施

此文为日本文部省编辑《学制五十年史》附录之一。该书由傅代言译登《新教部杂说》，此文虽甚简单，但叙中国留学日本之历史很有系统，故录之。文见《新教育》第十卷第一期。

明治二十七八年战役之后，我国之实力被遍知于海外。同时东洋诸国人之留学于我国者，亦年益增多。中国留学生来航之初，每因便利而入帝国大学之直辖诸学校，及公私立之学校。逮其数更增多，政府对之感有相当设施之必要，即民间亦有注意于特别之设施者。文部省于明治三十三年七月四日，设"关于文部省直辖学校外国委托生之规程"，以为外国留学生之便利。且于研究之结果，三十四年十一月废止此章程，制定"文部省直辖学校外国人特别入学规程"。又于三十八年定关于使清国人入学公私立学校之规程，而更与中国留学生以便利。其施设于民间者，如私立成城学校、私立振武学校，乃为入学于陆军幼年学校及士官学校入学者之预备教育。明治三十五年时，嘉纳治五郎所设之宏文学院，及如东亚同文会所立之东亚同文书院，乃授以普通学。他如私立早稻田大学、私立法政大校等，皆各为特殊之施设。此外以收容中国留学生为目的之私立学校颇多。

中国留学生最多数时，为自明治三十五年顷起，至四十一年顷止。在明治三十九年时，其数实超过7000人。其后每年为数渐减。但至四十二年尚不下5000人。然至四十五年，其数乃减1400人。盖因当时清朝有革命之变，有多数之归国者。近来留学生虽有多少之增加，然不如前时之盛。其原由乃由中国本国教育机关渐臻发达，普通教育自不待言，即至某程度之专门学校教育，亦渐得于本国受之，故前记之普通诸学校之数因之减少，继续经营之者亦极少。反之，凡为中国留学生之将来欲入帝国大学者特设高等第一学校预科，施一年半之教育（最初一年半），卒业后配置之于各高等学校，而开与内地人共学以进入帝国大学之途，直至今日犹如此。又东京高等师范学校、东京高等工业学校、东京高等商业学校、千叶医学专门学校，亦年年竭力以图容收入员之增加。且文部省关于此等留学生应当注意教育上之事项，亦时常发通牒于直辖学校长地方长官等，以期其教育施设之万无遗憾焉。

　　从来中国官费留学生，依同国政府之委托，以入学于为本省直辖学校之经费，而从同国政府以受取养成费。但大正九年四月将此废之，而将关于此之经费由国库支出之，且改为仅使留学生纳付学校所定之学费授业科及入学科与中国政府以对此负担轻减之便宜。又因中国留学生在本邦所最感困难之点者，在于无适当宿所之设备，政府经议会之协赞，于大正十年度交付15万元于日华学会，以助其中国学生寄宿舍之经营焉。

　　据大正十一年五月末日之调查，中国留学生在大学及其直辖学校73校中，有50校收容中国学生。其中东京帝国大学有127人，东京高等师范学校有158人，东京高等工业学校有174人之多；学生总数为1175人。且于公私立之诸学校，亦收容有1071人之留学生焉。

第七章　庚子赔款与留美

　　庚子拳匪之乱，致召八国联军入京，光绪二十七年七月二十五日奕劻、李鸿章与各国议和专使签订《辛丑和约》12项，允付诸国偿款450兆两，受款者共14国，计俄、德、法、英、日、美、意、比、奥、荷兰、西班牙、挪威、瑞典。以俄国为最多，占28%强，德占20%强，法15%强，英11%强，日美7%强，意5%强，比1%强，其余各国均不及1%。此款于1902年（光绪二十八年）起分39年偿完，清政府使各省分摊。1908年（光绪三十四年）5月25日，美国国会通过以一部分之赔款退还中国之议案，咨请大总统酌定以何时与何种情形交还中国。是年12月28日，美大总统令，除扣去实应赔偿之款外，均行退还，遂由库藏部详核决定。中国实应赔偿之数，为13，655，492美金690，另保留200万美金为或有未经查出应偿之款之用。此外悉数退还。乃订定每年应还应交两项款额。分列如下：

　　每年退还款额：

　　1909年至1910年每年483，094美金90；

　　1911年至1914年每年541，198美金78；

　　1915年724，993美金42；

1916年至1918年每年790，196美金；

1919年790，195美金99；

1920年790，196美金；

1921年至1923年每年790，195美金99；

1924年790，196美金；

1925年790，195美金99；

1926年790，196美金；

1927年790，195美金99；

1928年790，196美金；

1929年790，195美金99；

1930年790，196美金；

1931年790，195美金99；

1932年1，380，378美金35；

1933年至1934年每年2，380，378美金34；

1935年1，380，378美金35；

1936年至1937年每年1，380，378美金33。（据北京财政部公债司所编表）

各国赔款展期交付本息表：

1938年1，380，378美金35；

1939年1，380，378美金34；

1940年1，380，378美金36。

其保留之200万美金，续经查明应扣付838，140美金36外，其余均仍变还中国。[1]

---

[1] 以上摘录袁希涛：《庚子赔款退还之实际与希望》（《教育与人生》52期）。

此款经美国国会议决退还后，中国外务部即与驻京美使商定派遣游美学生办法，详情见宣统元年五月二十三日外务部学部会奏遣派学生赴美留学折中。嗣后清华学校之成立与其隶属于外交部及限制赴美学生学习科目等等，均由此奏折发端。此折在历史上的影响很大，兹录其全文如下：

　　窃查光绪三十四年六月二十二日外务部奏称美国减收赔款，经与驻京美使商定，自拨还赔款之年起，初四年每年遣派学生约一百名赴美游学，自第五年起，每年至少续派五十名。其挑选学生及到美安插送学等事，俟商定章程，另行知照美政府赞襄一切。彼此互换照会声明以为议定之据等语。此项赔款，业于宣统元年正月起，按照议定减收数目逐月摊还，在彼既已实行，则选派学生一事，在我自应举办，以昭大信。惟是此次派遣游学，非第酬答与国之情，实兼推广育材之计，造端必期宏大，始足动寰宇之观瞻，规画必极精详，庶可收树人之功效。臣等公同商酌，拟在京师设立游美学务处，由外务部、学部派员管理，综司考选学生遣送出洋调查稽核一切事宜，并附设肄业馆一所，选取学生入馆试验，择其学行优美，资性纯笃者，随时送往美国肄业，以十分之八习农工商矿等科，以十分之二习法政理财师范诸学。所有在美收支学费，稽察功课，约束生徒，照料起居事务，极为繁重，拟专派监督办理。至于学生名额，自应按照各省赔款数目，分匀摊给，以示平允。其满洲蒙古汉军旗籍以及东三省内外蒙古西藏，亦应酌给名额，以照公溥。

办理大纲共计五则如下：

一、设游美学务处。由外务部、学部会派办事人员，专司考选学生，管理肄业馆遣送学生，及与驻美监督通信等事；并与美国公使所派人员商榷一切。

一、设肄业馆。在京城外择清旷地方建肄业馆一所（约容学生300名，其中办事室、讲舍、书库、操场、教习、学生等居室均备），延美国高等初级各科教习。所有办法，均照美国学堂，以便学生熟悉课程到美入学，可无扞格。此馆专为已经选取各省学生暂留学习，以便考察品学而设。（详细章程另订）

一、考选学生各条。所取学生拟分两格：第一格年在20以下，国文通达，英文及科学程度可入美国大学或专门学；第二格年在15以下，国文通达，资禀特异。以上二项，均须身体强壮，性情纯正，相貌完全，身家清白，始为合格。每年拟取第一格学生100名，除由外务部在京招考外，并分咨各省提学使在各该省招考录取合格学生，不拘额数，咨送外务部学部覆考选取实在合格者，送入肄业馆，学习或数月或一年，再行由馆甄别，拟取第二格学生200名，凡22行省民籍，满、蒙、汉、旗人，及内外蒙古、西藏等处参照省分大小，赔款多寡，以及有无赔款斟酌损益，定为额数，由学部行知各省提学使，各按单开定额选取送京入肄业馆学习，或数月或一年再行由馆甄别，办法系将考试分数及平日分数合计。甄别之后，于两格学生内各选50名送赴美国留学，其不入选之生，仍留馆肄业，所有各省提学使咨送入馆之第二格学生，如查有年岁不符，及学行不纯者，咨回本省。其往来川费，责令该提学使赔缴。本年应派学生，为时已迫，拟电行各省选取合格学生各若干名，克期送部考试，择尤送往美国，仍一面在京招考派送。

一、津贴在美国自费生经费。如有盈余，每生约拨若干为奖赏自费生之用，至多者每年约500美金。此项学生须由驻美出使大臣，或部派驻美留学监督查照，确系在大学正班肄习实业，已入第二年班以上，功课实有成绩，景况实在困苦者，方为合格。至于奖金多少，亦按照景况功课酌定。

一、专设驻美监督，在美学生人数众多，安置学校，照料起居，稽查功课，收支学费等事，自必异常繁重，应设监督管理，选品学才望足资矜式之员派作驻美学生监督，准其调用汉洋文书记支应员各一人帮同办理。

现在美国式的清华学校课程即完全建筑于第二条之上，各省定额、公额及补助自费生则建筑于第三第四条之上。

清华学校成立于1911年（宣统三年），而美国退还庚款则始于1909年，故在清华未成立及未有毕业生以前，于1909年8月、1910年7月、1911年7月举行三次甄别试验，所考之科目皆准当时中学毕业入大学所需之程度。此三年考取之人数，计第一年47人，第二年70人，第三年62人。以后继续派送该校学生，至1924年已达689人，[①]此689人除清华本校生外尚有专科生及女生，其选派之重要规程如下：

甲、选派学生赴美游学章程

① 历年人数如下：1912年16人，1913年43人，1914年34人，1915年41人，1916年32人，1917年35人，1918年67人，1919年62人，1920年79人，1921年46人，1921年派定1922年到美30人，1922年63人，1923年81人，1924年60人。（常道直：《留美学生状况与今后之留学政策》，《中华教育界》15卷第9期）

第一条　资格　清华学校选派游美之学生，以本校三育俱优之毕业生及由本校临时考取之专科生与女学生为合格。

第三条　游学年期（一）在本校毕业之学生定游学五年，其临时考取之学生，由本校分别酌定。（二）学生如有于所定年期内毕业，而有特殊成绩，或学生专习医科法科不及于所定年期内毕业，如欲展长年期者，应于六个月以前将最近成绩寄呈监督处，并请该校教务长或教员径函监督处证明以凭核办。

第四条　学校与学科（一）学生所入学校及所习学科由清华校长与各学生接洽选定后，学生不得擅自更改，违者停止月费及各项用费。（一）学生入校后如实有不得已情形必须改科者应有该科二人以上之教员具函声明理由，于阳历二月底以前，由该生一并函请监督处转商本校核办。（一）学生入校如实有不得已情形必须改校者，应于阳历二月底以前函请监督处转商本校核办。（一）如未满游学年期已经毕业而欲继习本科或更习他科或更入他校者，应于阳历二月底以前函请监督处转商本校核办。

该校民国十年订定之专科生资格及年龄如下：

（甲）　本校此次招考矿科、电科、机械科、土木工程科、农科、林科学生共取十名，凡属民国国籍年在28岁以内曾在国内外上述各科专门学校毕业能入美国大学研究院进求高深学问者均可报考。

（乙）　试验之及格与否视考生所习之成绩与此次应

试之分数比较酌定。

（丙） 学生到美后，应即入先时认定之大学进修各该专科，不得中途改换学校与课程。

（丁） 留学年限定为三年，如欲展长，必须有特殊成绩或他种充分理由，方得呈请监督处转函本校校长核办。

津贴自费生之重要规程如下：

第一条 宗旨 津贴之设，所以体恤寒畯，奖励游学，使在美自费生之有志上进而无力卒学者，得以学成致用。

第二条 资格 津贴在美自费生，以品行纯正，学业优美，家境贫寒，并须在美国大学第二年本科肄业者为合格。

第三条 名额 暂定50名为限。

第四条 金数与发款 每名每年美金480元，由驻美监督处照下开手续按月发给，不得预支。

第五条 年限 津贴年限，每次以一年为度，至多者不得逾三次。

此外还有考选校外女生，其重要规程如下：

（一）资格及年龄 本校此次招考女学生十人咨送美国留学，以体质健全，品行端淑，天足且未订婚，年在23岁以内，国学至少有中学毕业程度，英文及科学能直入美国大学校肄业者为合格。

（二）留学须知 （1）录取各生，须于下列学科中任择一科为进美校研究之专科。择定后，不得擅改。（应选学科为一、教育，二、幼稚园专科，三、体育，四、家政，五、医科，六、博物，七、物理，八、化学）（2）留学生限定为四年，如欲展长，必须有特殊成绩或他种充分理由，方得呈请监督处转函本校校长核办。[①]

专科生系按年选，女生间年选派，均定额十名。女生自1914年起，1920年因该校毕业生特多，并停送一届，1914—1923年共只43人，专科生始于1916年，1920年亦停送，至1923年共47人，[②]津贴自费生总数未详，据1924—1925年之《清华同学录》所载，此项学生（名半费生，每月只津贴美金40元）共有52人。清华原规定80%习理科，20%习文科，但据近年学生选科之实际统计则二者约略相等，[③]此亦为我们所当注意者。

清华成立以后，赴美官费生日多，因为人多回国后在社会上势力亦大之故，私费生也随之增加。据民国十三年《留美学生录》所载，计1637人之中，有私费生1075人。就其总数言，反超过留欧学生。但同年二月美国工部发表移民律限制亚洲学生入境极严。其解释学生原文说：

按1924年合众国联邦政府公布之移民法案第四条第五项之规定，凡亚洲各国学生年满15岁以上，具有插入北美合众

---

① 《清华一览》。

② 据常道直统计清华女生1914年10人，1916年10人，1918年8人，1921年10人，1923年5人，共43人；专科生1916年10人，1917年7人，1918年7人，1919年8人，1921年10人，1923年5人。

③ 亦常君所统计：均见《留美学生状况与今后之留学政策》（《中华教育界》15卷7期）。

国有名学校之资格，且业经本部特许收留亚洲学生之学校之一，准其入校习一相当学科而呈请暂时入境以达其唯一求学之目的者，始得确称为学生。

中国学生入境手续有下列三项之规定：

1.凡学生之欲入境者，须有1882年美国上议院增修华工条例第六条规定之护照一纸。2.庚子赔款所津贴之学生须领有曾经美国公使馆签字之护照一纸，但无须请特许护照。3.凡学生之欲入境者，年龄须在15岁以上，确为求学而来，并已经本部（美国工部）特殊收留入境学生之学校之一准其插班受课者。除第六条法定之护照一纸外，须领有一驻华美领事所颁给之特许入境护照始得有入境之资格。①

学生于未到美国以前即欲求得该国学校之允许，事实上本难办到，而所谓工部允许收留亚洲学生之学校又是些重要的学校，待遇未免太苛。所以教育部于8月18日竟愤而咨请各省停送美国学生。此咨不独愤美国移民律之苛刻，且暴示美国留学生之弊端及国人赴美踊跃之情形，很值得我们注意。兹录其原文如下：

本部前据留美学生监督电陈，美国待遇官费生严苛，拟停派留美学生，业经咨达在案。查近年来自费生赴美者络绎不绝。计去年一年间，赴美者176人，赴斐律宾者二人，赴德者62人，赴法者37人，赴比者2人。本年上半年六个月

---

① 《限制留学生之美国移民律》，《中华教育界》14卷3期。

间，赴美者90人，赴檀香山者1人，赴斐律宾者2人，赴坎拿大者2人，赴德者2人，赴法者20人，赴英者3人。合计18个月间，赴美自费生约占赴欧美自费生全数67%。本部查考自费生多赴美留学之原因，缘入美国学校甚易，且可以国内学年资格，插班听讲，不及二三年而取得毕业资格归国者甚多，所以自费生趋之若鹜。其间专心求学者固不乏人，但贪得学位，不重学业者，亦在所难免。甚至濡染西风，袭用西人名姓，于呈验文凭时，考核甚难。兹姑就本部调查所及而言，即使美国学术优于他国，亦当限制留学人数，勿使人数过多，潜植一国之精神势力。本部正拟取缔办法，适值美国有限制之举，亟宜曲突徙薪，藉清本源，而免流弊。所有各省留美官费缺额，从本年起，即请改作留他国名额。至各省欠解留美学款，应从速补寄。①

美国移民律后因日人之反抗，特暂准学生入境，教部底通咨也从而取消，这虽然在事实上未发生什么效力，但在留学史中却是一种特殊的事情，故一并述及。

---

① 　《中华教育界》14卷3期。

第八章　勤工俭学与留法

　　勤工俭学在民国八九年间始盛为国人注意，但其起源则在民国元年。与勤工俭学最有关系的组织有三：即留法俭学会、勤工俭学会与华法教育会。此三机关又以留法俭学会为根本之根本，兹先述之。

　　俭学会之历史　民国元年，吴稚晖、汪精卫、李石曾、张浦泉、张静江、褚民谊、齐竺山诸君发起留法俭学会，并设预备学校于北京。齐如山、吴山诸君担任校中之组织，法文学家铎尔孟君担任教授。其时蔡子民君为教育总长，力为提倡，并由部中假以校舍，在方家胡同旧师范学校。无何朱芾煌、吴玉章、沈兴白、黄复生、赵铁桥、刘天佐诸君发起四川俭学会，设预备学校于少城济川公学。吴稚晖、俞仲还、陈仲英、张静江诸君发起上海留英俭学会，并附留法俭学会招待所。民国二年，李石曾君与法校梅明君组织留法预备班，至今犹存。当二次革命时，俭学会颇为专制政府所嫉视，北京预备学校舍为教育部收回，遂移之于皮库营四川学馆，政府仍多方巡察，以致全体解散。民国六年，华林君自法归，抱扩充俭学会之志愿，适值马景融君创设民国大学于京都，遂由华马二君与蔡公时、夏雷、白玉磷、江季子、时明荇、刘鼎生、罗伟章诸君重组北京留法俭学会预备学校。

俭学会之性质　俭学会乃一自由传达之机关，而非章程严密之组织，于义务能者为之，无会长等名目。经济由同志筹集，入会者无纳费之必须。凡欲自费留学每年至少筹五六百元者，皆得为本会之同志。会之对于会员既不助资，亦不索偿，惟以言论或通信指导旅行，介绍学校之义务而已。其缘起如下：

改良社会，首重教育，欲输世界文明于国内，必以留学泰西为要图。惟西国学费素称浩大，其事至难普及，曾经同志筹思，拟兴苦学之风，广辟留欧学界。今共和初立，欲造成新社会，新国民，更非留学莫济，而尤以民气先进之国为最宜。兹由同志组织留法俭学会以兴尚俭乐学之风，而助其事之实行也。又如女学之进化，家庭之改良，与社会关系尤切，而尤非留学莫济，故同时组织女子俭学会与居家俭学会。[1]

俭学会成立之后，因李石曾、吴稚晖等之竭力提倡，自民国元年至二年一年之间入会入校而赴法者不下80余人，其他抱俭学宗旨或留学或家居自由汇集者亦40余人。民国三年，蔡元培、汪精卫、李石曾等以工人中之有求学者，因转移其方法，以学生做工，工余之暇，工资所得即以求学，至民国四年六月组织勤工俭学会，以勤于做工，

[1]　《新青年》三卷二号。

俭以求学为目的。后以欧战中止进行。民国五年欧战正剧，法之壮丁须赴前敌应战，国内无人工作，而中国尔时为中立国，法政府特向中国招致华工，李石曾与之订立条件代为招募。①欧战终了，法国人口锐减，国内工厂欲恢复原状，工人不敷分配，华工勤劳，又为法人信赖，故稍有工作能力者均可在法谋生，李等更倡工作一年读书两年之说，一面在国内设立预备学校，一面与法人共同组织华法教育会谋学生出国与谋工之便利；加以华林于民国六年回国，极力鼓吹各县筹县费遣派学生，②故留法勤工俭学几为举国公认之唯一要图，自总统至学者莫不竭力提倡，即法人亦特别欢迎。③民国八年底去法者已150

---

①　去年（民国五年）春间，法政府有招致华工之计画，先由陆军部派人赴北京办理，与交通部商议，在北京设一招工局，先招5000人。其所订合同，大略工价则小工每日一佛郎，瓦工一佛郎半，铁工二佛郎半，川费及食宿在外，订约五年。如未满五年而停工，则罚缴川费600佛郎。而北京招工局每招一人约领酬金100佛郎。其时在巴黎之招工局又与《留法俭学会》书记李石曾商议，拟由俭学会招致。李提出要求条件：（1）工价与法人平等，（2）所招之工须选其有知识而无恶习者，（3）招工之人不经手川费与工价，（4）须设工人教育。其后即照此大纲订立合同，由李广安亲诣云南、广西等省招致。所招工人皆托各省劝学所职员及小学校教员，于各乡村募集之。八九两月华工至法约5000人，在马赛登岸分赴各处。（《法国招致华工》，《东方杂志》14卷2号）

②　华林曾发长文一篇并拟县费生约章六条，载《东方杂志》14卷9号。

③　沈宜甲报告留法勤工俭学情形文中说："本会自民国四年蔡元培、汪精卫、李石曾及其他之留法诸君，以工人中之有求学者，因转移其方法，以学生作工，工余之暇，工资所得即以求学。后以欧战中止进行。此次战事了后，李石老即一面在京、津、保定、长辛店等处，设立留法勤工俭学会预备学校十余所，一方又提前送人来法。自此事发起后，各界影响极大，每日报名入学者应接不暇，以湖南为最多，几占全数之半。而各省当道及各地名人皆极力提倡：如湖南则有熊秉三、杨怀中及该省教育所帮理一切，且闻已设华法教育分会，而学生之来法者又多给以津贴，鼓舞其志气，此其所以人数为各省之冠也。直隶方面则本会根据地，其发达情形自不待言。前次开中法协进会时，上自总统及各部总次长，段督办、李长泰等皆捐巨款，且曹督军对于保定之预备学校除捐款20,000元外，再捐机器三座……此外

余人，在途者60余人。到法入工厂者占三分之二，民国九年上年勤工生在法者已千余人，斯年八月三日并成立留法勤工俭学学生会，分工作、书报、讲演、消息、会务五部办事。当时法国需工人甚多，学生之有工作能力者，大概有事可做，工资亦可于维持生活外稍能储蓄以备读书之用，此事沈宜甲报告学生入厂工作情形中证之。他说：

> 法国当大战之后，死伤300万，其人荒之象，自不必言。故西班牙人在法者有300万，而其中三之一即为工作者。我中国来几千万数学生，不过如牛之一毛，何忧其无位置。然所愁者，即在学生既无体力，又无技艺，故虽此间位置极多，工厂向会中要人，而反无人能去。此固自取之道，非人之不肯用也。……此间同学，来者共有400人之谱，前后不下十余次，以湖南为最多，四川直隶等次之。……到法后，有入学者；有入学数日，补习法文，而又转入工厂者；有直接入厂者，其所入之厂，分布全法，为数数十，不能

最与本会关系密切者为侨工局局长张岱彬先生，凡本会一切进行，无不受其补助；且此次竟贷旅费与预备学校卒业生来法，更属异数。山东方面，则该省有国会议员王讷等组织华法教育分会外，该省省议会、教育厅更发给学生每名400元之旅费，并以后常年津贴数百元；且各该生县中又发给常年津贴数百元。山西方面则有励精图治之阎锡山省长，自闻留法勤工俭学会之发起，即立派学生91人至北京预备，其费用则由省县分担，此外更提先派遣学生来法，近已到二三十人。……四川方面则除该省前办有预备学校外，此次熊督军以数万元送第一次留法学生60余人来法，以后并常年如期由预备学校毕业后即以公费送来。至于来法找工厂之事，则并不必经华法教育会，其成都法领事则电致法工部，工部即分配各厂学习，如此次来法之60余人，不一星期已全数入厂矣。……当生等第一次来法时，今法总理克理满梭所办之《人道报》且大登其欢迎词，谓此班学生为交换中法文明者云。同学之入学校及工厂者，其待遇皆优于本国人；且有蒙达耳一校，更将中国国旗大悬特悬以为荣耀；各校并为中国人特开班次，特设住所。……"（《安徽教育月刊》第24期）

详知。然大都分为造船、机械、胶皮、矿冶、家具、汽车、发动机、电动机等工厂。其工资不一律，然总不出15佛郎范围。其故有数：法厂通例，凡有技艺者，无论何国人，其工资绝无在15佛郎以下，如我国工匠之在飞机厂作工者，有一日二三四十佛郎之工资。……凡入厂者，十之九皆蒙特别优待……有专为预备住所及厨房者，有借地种植者，有专门派人欢迎者。有一农场一次容百人，且非中国人不可。更有一厂与李石曾交涉，谓中生如能以六月在法依其指导预备法文及工艺，则该厂可指导介绍学习一切工艺，且其自身即可用千人。……以后各厂来信索人者，有一日20封信之多。而会中一以人数太少，难以应付，二以多无技能，又难称职，故皆辞却。迟之又久，只好寻若干半工半学之工厂，又无技师之工作，分配诸生。故今日找工作乃极易事。惜无能工作之人耳。但入厂后……除一二处因特别关系外，其余通信与会中无一不称中生工作之满意……有一厂竟要求加50人之多，且有因故换厂而原厂坚留不准去，此又中国人善于用手之天性有以成之也。故今日无论何厂其初莫不以三人为试验，试验后无一厂不加入，从未有因试验不佳而被除者。故虽以今日无技艺者之多，会中尚可勉为设法也。厂中工作每日俱八小时，无有过此数者。且大多同学于工余之暇另请教员教授法文，计每日除工作之外，尚可读三四小时之书；亦有厂中代请教员教授法文、机械、图画等学科而不另取学费者。至工资一项，若专门工作，从无有不足自给者，不过欲以余钱求学，则为无技艺者之难事也。[①]

---

① 《安徽教育月刊》第24期。

中国学生当时在法之谋工厂既如此容易，加以留学生之头衔素为国人重视，于是去者日多而流品亦日杂；而法国生活自民国九年下年来，较战前增加倍蓰，国内工人要求增加工资，厂主负担过重，营业不能发达，工人因而失所者甚多。我国学生因素无技艺上之训练，工作能力原不及法国工人，是以能耐劳与法国一时缺人之两条件勉强在法厂自活。当初亦有因能力不足被各厂辞退者，不过为数甚少，华法教育会之主持人为热心于中法文化沟通者，于尽力介绍工作外，并常向各处募集款项维持其生活。及法国社会经济发生变动，国内工人尚且失业，素少专技之中国学生，当然不能立足，民国十年初，在法勤工俭学生之待维持者达1700余人，华法教育会既无款维持，而且该会之组织亦以辅助学生觅居觅校为主旨，①并非法定之责任机关，但学生平日无工可做时，多在该会领维持费，一时不应，遂发生种种冲突。该会于民国十年1月12日由会长蔡元培向勤工俭学生申明该会之性质，及其与俭学会、勤工俭学会之关系，并欲学生分途组织俭学会及勤工俭学会。其通告原文说：

> 元培到法以来，在法勤工俭学生，以及学生事务部任事者，先后向培声述各方面困难情形，及询求解决办法。培观察所及，知由于学生事务部组织之不良者半，由于华法教

---

①　该会章程六条，第四第六两条系规定对于俭学会之责务者，特录于下：

四、会中可助俭学会员之点　到法在车站客寓之接待，与觅居觅校之介绍，以及在公府报名社会交游之接洽等事。

六、新会员与会之接洽　出发前一个月，由同学会开列中西文对照名单三份及每人入会书，交组织人之一寄法。火车将到巴黎之前，由公学会发电告以到巴之日期，俾会中招待员届时至车站接洽一切。（《新青年》3卷2号）

育会、俭学会、勤工俭学会，多有不辨其性质，混为一谈，因而发生误会者又半。今既欲解除一切困难，不得不先辨明此三会之性质。成立之历史，俭学会最早，成立于民国元年；宗旨以纳最俭之费用，求达留学之目的。勤工俭学会则成立于民国四年六月，以"勤于工作，俭以求学"为目的。自此两会，先后成立，来法人数日益增多，同时法国方面亦多注意中法两国文化之提携，为言欲达此种目的，非特设机关，共同集议不可，于是始有华法教育会之组织。是华法教育会为两国文化上之总机关，俭学会、勤工俭学会不过其事业内之一部分。今则混为一谈，多以为勤工俭学事务，即华法教育会全体之事业，勤工俭学事务办理之不善，益以委罪于华法教育会，如此误会，是直以华法教育会为勤工俭学会之代名，此实大谬不然者也。欲矫此误，惟有俭学会、勤工俭学会，对于华法教育会为部分之分立，由两会学生自行分别组织，华法教育会从旁襄助一切。……

1月16日并由蔡通告华法教育会对于俭学生或勤工俭学生脱卸一切经济上之责任，其通告及办法如下：

　　……在本会方面，一年以来，借贷学生之款，亏空之数甚巨。本会原无基金，又无入款，挪借之术，有时而穷；而告贷之学生，方日增无已，今则亏竭已极，万难为济。惟有竭诚通告；华法教育会对于俭学生或勤工俭学生，脱卸一切经济上之责任，只负精神上之援助。……

办法两条：

（甲）关于俭学者：（一）俭学生以前在本会存有款者，一律在本年二月初十起，至三月十五止，由该生亲到事务部结算清楚（或亲笔函索亦可），本会不再担负保管之责；（二）俭学生无存款，一向请本会贷付学费者，一律自本年二月底止，以后由该生设法自理。

（乙）关于勤工学生者：（一）现在工厂者，自通告之日起，以后如有辞出工厂情事，本会一律不发维持费；（二）现在勤工俭学生之在学校者，其请贷付学校用度，一律于本年二月止，以后由该生设法自理；（三）不存上述之规定，而现在仍来本会领维持费者，本会概不答覆。[①]

通告出后，在法勤工俭学学生大起恐慌，纷纷往使领请求维待，时陈篆为公使，连电北京国务院，教育部并各省督军省长报告困难情形，请汇款接济，结果中央只准为无力自给者代购船票遣送回国，各省则以为此项学生非经省派，不能由省负责，而令各生家属自行筹款。此项消息到法，学生坚执不受遣送，于2月28日集数百人要求使馆每人月给学费400佛郎，四年为期，公使无法应付，而法政府及舆论均不以遣送回国为然，并由法外部派人至使馆请将遣送费移作维持学生之用，法政府当竭力帮忙。乃于5月14日由中法两方面合组委员会专办勤工俭学生事宜，并由朱启钤捐50，000元计306，500佛郎，与使馆所筹遣送费25万佛郎，法外部捐30万佛郎，汇理银行捐5万佛郎，共906，500佛郎，以之发给候工学生每人每日维持费5佛郎。而

---

① 《安徽教育月刊》37期附录。

在法学生1700余人，^①流品既不齐，失工者亦多，八九月间，领维持费者达800余人。适中法实业银行改组问题发生拒款风潮，法政府于九月撤消该委员会，10月15日起，不复发给学生维持费。适于9月21日，勤工俭学生百人占领里昂大学，法政府尽数驱逐暂行安置于附近兵营，并主张驱逐出境，后经公使多方交涉，以内部问题不能解决，终于10月13日由法外部派员到里昂护送学生104人往马赛乘船回国。在法学生，因经济困难亦逐渐自返，民国十四年以后，虽间有去者，但为数甚少。现在勤工俭学生之在法者不过四五百人耳。（见李璜：《法国留学问题》，《中华教育界》15卷9期）

　　民国八年南北两政府争关余时，吴稚晖、李石曾等竭力鼓吹，经政府及各方面之赞助，于民国十年设中法大学于法国之里昂。校址为一旧炮台，法国原定永久给为校址，后由永久改为25年，再改为15年，最后改为9年。开办时费修理等费200余万佛郎，常年经费约60万佛郎：由广东政府给42万佛郎，北京及法国政府共给17.5万佛郎。初意原为勤工俭学生，后因种种原因，向国内招收学生，但因校舍与经费之限制，学生不过150余人。校中有特待生、免费生、正式自费生之分。此事不独在留学史上开一新纪元，且为中国在海外设立大学之始。

---

　　① 据民国十年《华法教育会》名册登载：湖南346人，广东251人，江西228人，福建89人，浙江85人，河南20人，陕西9人，贵州9人，四川378人，直隶147人，奉天5人，山东15人，湖北40人，江苏69人，山西28人，安徽40人，云南6人，广西7人，又新到之生尚未列册者100余人，其间籍隶四川者90余人，统共1700余人。（《安徽教育月刊》第53期）

第九章　日本对华文化事业与
留日各部特送留学

甲　日本对华文化事业与留日

自从美国退还庚子赔款培植留学生在文化侵略上收效以后，各国均有起而效之的意思。加以日本于欧战时侵略中国引起国际间之不满而处于孤立地位，更欲见好于中国。其众议院于民国十二年三月通过议案以庚款办理对华文化事业，斯年12月29、31两日由汪荣宝公使及教育部特派员朱念祖与日本对华文化事务局长出渊商定办法12条，大致为决定在华关于办理图书馆、博物馆及精神科学研究所、自然科学研究所，与补助留学生等事。其中之第10、第11、第12三条专系补助中国在日学生办法之规定，兹录其全文如下：

十、对于留日中国学生，从明年度起，依下开方法给学费。

（附记）此项经费期限经双方议定以十年为限。

甲、学费定额，每人每月80元，一律平等给与之。

乙、得受此项学费之留学生名数，每度年总计不得逾320名。丙、前项学生之名额，以各省选出众议院议员及各省担负庚子赔款之数目分摊于各省，由大学及专门学校肄业生内遴选之。此种大学及专门学校由驻日公使馆与日本文部省及对华文化事务局协商指定之。丁、应照前次遴选之学生，不以官费为限，自费生亦在其内。戊、业经入选之学生，如认有成绩恶劣或品行不良者，随时停止其学费。

（附记）文内品行不良字样，业经双方面商，由中国使馆详加解释，列举事项以免误会。

十一、对于留日中国学生本年度给与学费办法，照下开方法施行：甲、按照第十项所定明年度以后之给与方法所遴选之学生逐名给与之。乙、此项学费之给与自民国十三年一月份起。丙、从前欠缴之各学校修金授业科，以本年度支用之经费清给之。

十二、对于留日中国学生给与学费之支付，由中国公使馆行之。①

此项办法于民国十三年二月六日由汪、朱等与出渊在日本外务省签字后，使署即着手分配补助费，定全费生每名每月80元共240名，半费生每名40元，共140名：以各省庚子赔款分担数及选出之众议员数为比例，定各省学生受补助费者之名额。但分配后，尚余全费生额11名，拟以补助女生，而私费男生群起反对，且不许公费生染指，使署乃改订此案，以余额11名为补助国立大学及专门学校遴选合格人员赴东研究费，并将全费与半费之区别取消而一律定为每月70元，各

---

① 《教育杂志》16卷3号《教育消息》。

省应得名额由官费自费生平均分配。后因自费生与女生之反对而改归北京教育部办理，结果仍以使署第二次修正案为根据，于3月8日公布；① 并于十三年冬留日学务总裁蒯寿枢解决此事。补助费之支付原定十三年一月起，但因在东之争执不已，十月以前应支之费，由日政府支为官立学校学费及一部分学生之研究费与实习费，至十三年秋始，由日政府请我国留日学务处调查日本专门以上各校学生姓名，决定得费者及候补者之人员造册送交日本对华文化局，于十三年十月份起，得费者文化局将各费交各校会计课给领。当发款之先，各校长将本校应得补助费之学生召集宣誓，并制定誓约书一纸令其填写。因此

----

① 教育部公布之全文如下：

（一）支给此项学费学生，定额为312名，按各行省众议院议员名额及担负赔款金额之比例为标准。分省定额如下：直隶23名（京兆在内），江苏27名，四川24名，浙江22名，江西21名，山东18名，河南17名，广东21名，山西15名，湖南14名，安徽15名，湖北16名，福建13名，云南10名，陕西11名，广西9名，甘肃7名，贵州6名，新疆6名，奉天6名，吉林4名，黑龙江4名。

（一）每名每月应支学费日币70元。

（一）各行省应得名额，在留东官自费生中，各补半数，如系单数时，得由自费生多补一名。

（一）官费生换补前项学费时，其原有官费缺额，应遵照十二年三月十九日通咨"五校特约取消后，留日学生补费办法，应与欧美一律办理"之原案办理。但凡属缺费省分之官费生，其遗缺暂缓序补。（《教育杂志》第16卷第4号）

（一）各行省官费生，如不愿换补前项学费时，得以各该省自费生递补之。自费生不足额时，亦得以官费生补之。

（一）前项学费，依下列学校资格，依次序补。（学校过繁从略）

（一）前项学生之资格相同时，以年级之高下定之。年级相同时，以成绩之优劣定之。成绩相同者或有疑义时，由学务处举行临时考试定之。

（一）各行省如合格之官自费生均不足额时，得由学务处考察各该省在前项指定学校外之官公私立大学专门学校学生成绩最优者补充之。

（一）于各行省所得定额外，所余11名，应由国内国立大学及高等专门学校遴选合格人员，赴东研究。

誓约书之内容①有侮学生人格，学生当时不愿领费，要求改订，结果略有修改仍行领费。而日政府因近年我国留日学生渐减，并拟请中国政府派送300人去日，而中日两国学生团至少每年当互相旅行三次，②以增中日间之亲善。

　　日本外务省之对华文化事务局，因民国十一年日本曾遣入泽博士及东京帝国大学学生70人至中国各地参观，实行其对华文化事业中之

———————————

　　①　该誓约及支费规程见《教育杂志》第16卷4号，原文如下：

　　（甲）支那留学生给费实施大纲。（一）本件学费，从大正十三年十月份开始，每月支给70元，按照别纸名簿，对于该月之在学中者交付之。若该学生中有退学或休学者时，应即通知外务省文化事业部。（二）每月学费于15日前后送于学校长（在大学则送于学部长），又在学校以外之机关已议定者准此，以下同。又在东京市内或近郊学校，当预先通知支付日期，届时得命相当之代理者，携带该代理者之印信，持捺盖有学校校长职印之委任状，直到文化事业部受领。但大正十三年十月至十二月三个月份，应与大正十四年一月份同于一月上旬一并送达。（三）交付学资于学生之时，每次须使其于当时交付之受领书上签名盖印，并即转送于外务省文部，不得延迟。（四）监督发给学费之学生等事，悉付托于校长，惟须将誓约书誊本送外务省文化事业部。（五）本件给费学生中若认为于受补给费有不适当时，得依据学校校长之意见，中止其给费。（六）别纸甲号表及乙号表各三校，每校系由其本人或学校分别填入，各送二份于外务省文化事业部，其余一份则留置于学校保存之。若记入事项有变更时，应即通知外务省文化事业部，不得迟滞。（乙）"誓约书"某科某部几年生姓名生年月日学生今次依照日本政府成案之对支那文化事业之一之支那留学生给费实施大纲，自大正十三年十月起，每月领文补给学费金70元，不胜感激之至。为此誓当专心勉学。毕业之后，并愿体奉右记主旨，奋励奉答恩眷之隆。特为誓约如右。

　　②　《教育杂志》第17卷第5号（十五年五月）《教育消息》云：据日本对华文化事务局及外务省预定方案，共分五项：（1）对于中国留学生补助费存在办法原就中国原有在日之留学生中，分校分省补给，嗣后拟将此项办法略事变更，每年由中国政府自国内派送留学生300名来日留学，其学费及一切办法，均照原定计划办法，并自本年四月起实行。如此则中国留学生必日见增加，不至如近来之逐次减少矣。（2）每年中日两国学生团至少彼此当作三次旅行，使两国之风土人情互相了解；每次旅费每人定为日金500元。……

交换教授学生计。故民国十三年约协和医校派外国教授二名赴日交换讲演，并由教育部根据日本外务省之请托，在北京国立八校中（原定通令全国选派，以时期过迫，故在京八校中选派）选教授学生55人，于十三年五月去日，于六月返国，为期一月；旅费每人日金500元，由日供给。民国十四年南京各校并选派教授学生20名，民国十五年选派教师20名去日参观，办法均照原案所规定者办理。

乙　交通部特送留学

交通部为前清邮传部所改。邮传部因交通人才缺乏，在国内自办南洋、唐山等专门学校以培植之，并派各校毕业生出国学习，归国后分派该部直辖机关服务。民国成立，其原派在外未毕业者由交通部继续给费，民国初年，每岁亦有增派。后因所派学生既系直辖各校高等专门学校毕业生，于学理已有研究，出洋应专注重练习事务，乃将派学生游学之例停止，于民国二年八月另订《派赴外国修习实务章程》20条，专派实习人员出洋，其章程之重要条文如下：

第一条　交通部为养成实用人才，得随时选派修习员赴外国修习关于交通事项之实务。

第二条　修习员名额无定数，由交通总长视本部预算之情形及需要之多寡，随时增减之。

第三条　修习员由本部或原办事局所或原肄业学校暨驻外国公使介绍，分别入各国之公司局厂等修习。

第四条　派往何国及练习科目，由交通总长指定，或由原办事之机关首领或原肄业学校校长拟定呈候交通总长核夺。

既经指定派往何国及所习何科，各修习员不准自行改往他国及改习他科，违者应勒令邀还已受领之一切费用。

第五条　派出之修习员，须有左列第一项或第二项资格之一并兼具有第三项第四项之资格者。

一　在交通部或直辖各局所办理重要部分事务，满三年以上确有成绩，经该管首领出具确实考语举荐者。

二　在交通部直辖各专门学校高等专门班毕业成绩最优者。

三　娴习外国语言文字在一种以上，并应具之知识技能能在所派往之国之公司局厂等直接领受所修习之学艺者。

四　身体精神健全者。

第七条　修习员之修习费暨往返川资及其他必要费用之数目与支给之方法，由交通部核定，并得委托公司局厂等当事者代办。

第八条　修习期间，以一年至二年为限，但因必要情形，得交通部总长之许可。得延长之，但延长时间至多不得过一年。

延长之许否，须以所在修习之公司局厂等之证明书为准。[①]

民国十四年七月该部为整理留学事务起见，订管理留学生章程24条，以确定留学目的；并规定留学生名额70名，经费20万元。办法很详备，而且为各部派遣留学生之最有系统计画者，录其全文如下：

第一条　本部为培植交通四政专门人才，得选派学生分赴国外留学。

---

① 民国十三年编：《法令大全》（商务印书馆）。

第二条　本部留学生事务由总务厅育才科管理之。

第三条　本部留学生名额，暂定为70名，其分配法依左列之规定：

（一）本部直辖三大学学生，每年毕业时，择其成绩优异品诣端方者选派4名，每人留学5年，共占额20名：内南洋大学每年派送2名，唐山大学及北京交通大学每年各派1名。

（二）本部直辖三大学学生在校成绩优美，毕业后在本部四政服务两年以上，品行才具学识俱佳者，每年选派20名，每人留学两年，共占额40名：内土木机械电机铁路管理四科各占四分之一，但本部得视需要情形，随时酌量变更之。

（三）自费生在外国各大学本科肄业二年以上，所学习学科在本部四政范围以内成绩优秀者，得给予官费，以十名为限，留学期限二年。

第四条　凡具有第三条第二类资格之学生，在留学期内，其原在服务机关之资薪，得予保留。

第五条　本部选补留学生程序，依左列之规定：

（一）凡具有第三条第一类资格之学生，应于其毕业时由直辖大学校长，按照规定名额选定，呈请本部核派。

（二）凡具有第三条第二类资格之学生，应由服务机关会同直辖大学校长呈请本部核派。

（三）凡具有第三条第三类资格之学生，应由管理留学事务机关及其肄业之学校，开具成绩证明书，函请本部核补。

（四）凡具有第三条资格之学生，自行呈部请派者，应交由原肄业学校或服务机关或管理留学事务机关审查合格后，再行核派，或补官费。

第六条　审查合格应行派送或补费之学生，超过第三条各类定额时，本部得择其学识成绩最优者，尽先依类派补。

第七条　本部留学生所习学科，以本部路、电、邮、航四政及与有关系之学科为限，由本部按照各政需要情形，于选考时指定修习之。

第八条　本部留学生肄习学科，非经报由本部核准，不得改习，违者停给学费。

第九条　本部留学年限依第三条之规定，但有必要情形经部核准，至多得予延长期限一年。

第十条　本部留学生学费分全费半费两种，凡具有第三条第一类资格者，给以全费，其具有第三条第二类或第三类资格者，应视其留学情形，给以全费或半费。

第十一条　本部留学生出国川资及治装费依左表规定金额由本部发给之。

国别	出国川资（元）	治装费（元）	共计（元）
日本	国币100.000	国币150.000	国币250.000
欧美各国	国币700.000	国币200.000	国币900.000

第十二条　本部留学生每月学员依左表所定金额，由本部分季汇交委托管理留学事务机关支给之：

留学国别	每人每月学费数目
日　本	日金70元
美　国	美金90元
英　国	英金20磅
法　国	法金1600佛郎
比　国	比金1600佛郎
德　国	德金400马克
瑞士国	瑞金500佛郎

第十三条　留学生收到学费，应即出具收据，送由管理留学事务机关，每届三个月，连同其他单据造具学款收支清册，汇送本部备核。

第十四条　本部留学生回国川资，依左表所定金额，由本部汇交委托管理留学事务机关发给之：

留学国别　每人回国川资数目

日　本　　日金100元

美　国　　美金520元

欧洲各国　英金110磅

第十五条　本部留学生学费自到达留学国之月起支，其系自费核准给予官费者，自令准之月起支。留学生毕业返国时，学费发至起程回国之月为止。

第十六条　本部留学生如届期满毕业回国，应于前三个月函由管理留学事务机关，转报本部发给川资。

第十七条　本部留学生应于每年六月及十二月填具调查表，送由本部委托管理留学事务机关核转本部备案。

前项表式由部规定每年于三月及九月印发，本部委托管理留学事务机关，转饬照填，如逾期两个月尚不填送委托管理留学事务机关得查酌情形停止其学费，并报告本部。

第十八条　本部留学生应于每年六月及十二月按照部定表式，将学业及实习成绩迳行呈报本部，如逾期三个月尚不呈报本部，得查酌情形，电知委托管理留学事务机关，停止其学费。

第十九条　本部留学生应将通讯处函报本部育才科以便随时通讯。

第二十条　本部留学生不得无故擅自回国，如因亲丧大故及其他不得已事故必须回国者，应先请由管理留学事务机关电部核准给假，往返川资自备；在假期内，并停发学费。

第二十一条　本部留学生因病所需医药等费，经医院证明暨管理留学事务机关考查确实，并认为正当者，得予照发，但每生每年至多不得过全年学费二十分之一。

第二十二条　本部留学生毕业返国，应来部报到，听候考验传用。

第二十三　条本章程施行细则另定之。

第二十四条　本章程自公布日施行。[①]

我国交通事业虽以邮电路航四政并举，但以铁路事业为主干，故储才亦偏于路政。光绪三十三年梁士诒综理借款各路事宜，因见铁路人才之缺乏，乃多设留学名额。民国后，朱启钤及周自齐更注重分门研习，而留学学额亦渐以扩充。自光绪三十四年至民国十四年六月止，共派学生600余人；计赴英国者180人，比国52人，美国235人，日本119人，德国37人，俄国6人，奥国41人，法国23人，瑞士3人。其中视为留学目的分为三类：一、留学生赴大学或专门学校以研究高等学术为主旨，二、修习实务员赴公司局厂以修习关于交通实务为主旨，三、实习生与修习实务员性质略同，不过待遇有别而已。[②]

丙　参谋部海军部特送留学

自前清练兵处奏定留学章程后，除日本士官学校中国学生特多

---

①　《交通公报》十四年七月二十日、二十九日。商务印书馆：《民国十三年编法令大全》，页1253。

②　叶恭绰：《交通与教育》（《国闻周报》2卷34期）。

外，欧美各国均有学生，民国成立，不复仿其政策，惟派遣陆军测量学生出国学习，但人数甚少。元年十二月参谋部公布派遣陆军测量留学生章程33条，兹录其关于总纲、资格、选派法之重要者数条于后：

参谋本部为促进测量学术改良测量事业起见，特颁此章程以策进行。（第一条）

本章程所称陆军测量留学生以参谋本部派赴各国之测量学生为限。（第二条）

派遣测量留学生，需用各项经费，归入测量费内，由参谋本部按期发解。（第六条）

凡派遣测量学生必具左之条件者方为合格：

1.精通某一国文学能直接听讲者；

2.确在本国寻常高等两科卒业，且实地经验二年以上，或经测量总监（或测量监）认为有相当之程度者；

3.品行端谨别无嗜好者；

4.学术成绩经长官认为有发达之希望而加以切实考试者。（第七条）

凡具有前条之资格者均得列入选派试验。（第八条）

选派额数由参谋本部随时酌定，一国不得逾六人，每科一国不得逾二人。（第十条）①

学生用费分学费、月费、书籍费、川资、治装费、医药费五种，除书籍费规定日本百元，欧美300元，余均由参谋本部及驻外公使按留学国生活情形随时酌定支给。

① 商务印书馆：《民国十三年编订法令大全》，页752。

海军部在前清为海军处，隶属于陆军部，民国始改为分部。光绪二十七年以后，江鄂等省派水师学堂学生赴英美学习海军，宣统元年八月海军处派专员为西洋游学生监督专管海陆军学生留学事宜，民国七年十一月海军部公布驻外公使馆海军武官管理海军留学员生规则十条，同时并公布修正英美海军留学员生规则。其重要条文如后：

第一条　海军留学员生，除另有特别规定外，应受留学国公使馆海军武官之管理。

第二条　留学员生之转校及入厂登舰日期，及在各处之毕业日期，应由该员生先期呈报海军武官，汇案报部。

第三条　留学员生，应习各项专门学科及毕业期限，应由海军武官，参酌该国定章，核定办理，留学员生，不得自由选择，或改习海军以外之科学，违者除停止官费外，并须缴还所领留学等费。①

关于经费亦分学费、零用、川资、治装、旅行费、医药费等项：赴英者月10磅，赴美者月美金84元，但学费每年在250元以上者，100元外由公家补给。川资与旅行费依国别及学校而定，医药费则核实支给。

① 商务印书馆：《民国十三年编订法令大全》，页769。

第十章　官绅游历　贵胄游学　女子游学

甲　官绅游历

政府鼓励官绅出洋游历始于光绪二十九年张百熙、荣庆、张之洞等奏定学堂章程附奏鼓励官吏游历章程，但前此十余年已由政府派遣京官至东西洋各国游历。光绪十三年四月，总理衙门有一奏请派遣官吏出国游历之折，并订章程八条，其性质与专门考察有别而带一部分游学任务。原折说：

窃臣衙门于上年十二月初十日钦奉谕旨。前据谢祖源奏请饬保荐出洋人员，经总理各国事务衙门议复，请由翰林院六部核实保荐，现在几及两年，尚未据保荐有人，着该衙门传知翰林院六部迅即查明有无可以保荐之员，限三个月内咨复该衙门，毋再迟延，钦此，钦遵恭录行知各部院遵照办理去讫。查臣等前奏内称翰詹部属中如实有制器通算测地知兵之选，坚朴耐劳，志节超迈，可备出洋游历者，请旨饬下各该衙门核实保荐，咨送臣衙门考核，再行奏请游历各国。

应需出洋薪装，届时由臣衙门酌定数目，在出使经费项下发给等因。现在各衙门正在陆续保送，俟送齐后，由臣衙门考核去取，厘定员数，带见请旨遵行。至游历员应定年限，及薪水数目，必须示以定章，俾资遵行，臣等公同商酌，谨拟章程八条。

其章程八条如下：

一、选派人员，当视经费赢绌，定员数多寡，刻下设法节省出使经费，计省出之数，每年只四万余两，以供派员游历之费，不为充裕，不得不限定员数。臣等公同商酌，此次派出之员，除翻译人员之外，或10员或12员。

一、各衙门保送人员除翰林院人员由其本衙门先试以纪载文笔再行咨送外，其各衙门保送人员，拟由臣衙门定期考试，以定去取。考试所取，专以长于纪载叙事有条理者入选。

一、游历至久以二年为限，往来程途均在限内，有过二年限者，即作为自备资斧之游历，停支薪水；一年半后，先归国者听。

一、翰林院人员在南书房上书房有紧要职事者，虽于单内自注愿行，臣等未敢擅便，届时奏闻请旨；各部人员派出游历者，每月拟给薪水银200两，伙食仆役一概在内，每员准带翻译一员，月支薪水50两。

一、各员游历时，应将各处地形要隘、防守大势，以及远近里数、风俗政治、水师炮台、制造局厂、火轮舟车、水雷炮弹，逐一记载，以备查考。

一、各国语言文字、天文算学，一切测量格致之学，

各员如有素日曾经留意，及出洋游历后择端学习，可写手册
录交臣衙门进呈。

一、各员游历回华后，将所精之制造，所著之笔记，
呈臣衙门后，应否由臣等择其才识卓著之员奏请给奖，伏候
圣裁。

一、游历各员倘有在途在洋遇他项事故者均照衙门出
使章程办理。[①]

此议于四月十六日照准，但当时部员甚多，各衙门保送出洋游历
过众，故分两日面试，取定28员，[②]复经亲王及大学士、军机大臣面
示外洋大略情形，于六月初二日率领觐见，派定傅云龙等游历东洋及
美洲，程绍祖等游历西洋及非洲，东西两洋共派十名。惟出国诸人在
国内既无预备，时间又甚短，故无何种成绩。

庚子而后，举国均以励行新政为事，故张之洞等极力主张派遣游
学生，但犹恐学生在国外学习需时不能应急需，所以又奏鼓励官绅游
历。他们说：

……已入仕途之人，类多读书明理，循分守法，内而
京堂翰林科道部属，外而候补道府，以下等官，无论满汉，
择其素行端谨志趣远大者，使之出洋游历，分门考察，遇事
咨询，师人之长，补己之短，用以开广见闻，增长学识，则

---

① 小横香室主人编：《清朝野史大观》卷4，页95—96。

② 28人计为傅云龙、缪祐孙、顾厚焜、刘启彤、程绍祖、李秉瑞、李瀛瑞、
孔昭乾、陈炽唐、洪勋、徐宗培、金鹏、王旭东、严庚辛、费德保、贺松荫、常
联、宗宝僖、蒋宝英、孙庆祺、余和埧、曾纪先、何宗堦、志善、王春沛、熙文、
左庚、张云标。（同上）

实属有益无弊。其能亲入外国学堂留学者尤善，职官出洋游历游学者众，不独将来回国后任使之才日多，而在洋时与本国游学生渐相稔习，灼知其品谊才识，何人为学行兼修之士，何人为乖张不逞之徒，异时以类相求，黑白确有明证，且力持正论之人日多，则邪说波词势自孤而不敌，学生嚣张之气，亦必可默为转移。若高爵显秩，亦令出洋游历，则其凭藉既崇，展布愈广，为效尤宏巨。

这是光绪二十九年的事，张之洞、荣庆并奏定奖励官绅游历章程，其重要者如下：

一、游历遍涉东西洋各国往返在三年以外者为上，择游欧美两洲之一二国或二三国往返在二年以上者次之，专游欧美各国中之一国往返在一年以外者又次之，仅至东洋游历往返在一年以外者又次之。无论东西洋，其游历在一年以内者无奖。

一、游学较游历为尤有实际，最为成就人才之要端，且岁月较久，劳费尤多。如宗室勋戚以及王公之子弟暨内外职官无论实缺候补，能自备资斧出洋游学，由普通而达专门，考求实在有用之学，得有彼国学堂毕业凭照者，回国后，尤宜破格奖励，立予擢用。拟请宗室勋戚以及王公之子弟暨内外职官出洋游学毕业者回国，分别学业等差，其最优者翰林，或比照大考一二等例优予升擢，阁部等司官实缺者，或比照方略会典等馆差例，优予升擢，或准列入京察一等；候补者照特旨班遇缺即补，减优者略减。外官亦照异常劳绩最优班次分别予以升迁补缺。其游学西洋者，道远费重，应格外加优。至游历奖励比游学应减一等，凡出洋游历游学人员，并一概免扣资俸。窃谓照此办法，则不烦国家丝毫经费，而内外职官愿出洋游历游学者，必接踵而起矣。①

自此议准行后，慕官者大概以出洋为工具，加以新政需才，回国者又无遗才，于是官绅之出国游历者甚多，因无资格限制，流品未免过杂，光绪三十二年七月学部特规定官绅出洋游历简章13条，通咨各省，以示限制。其前三条如下：

一、各省选派员绅出洋游历及京外员绅自请出洋游历，均应由各本衙门及各将军督抚详加考察，确系性行端谨，学有根底，年力强富，不染嗜好，平日于各项政学术实业留心考察者，始予给咨。

一、游历为考察政治学术实业起见，自请游历者，应将所欲游历之国暨所欲考察之事项，预先呈明，其茫无宗旨者，概不给咨。②

一、游历必久于其国乃能确有心得，凡自请游历者游历东洋期限不满三个月，游历西洋期限不满六个月概不给咨。③

官绅出洋游历之目的地虽无限制，但西洋则"道远费重"，去者甚少；出国游历者大概去日，而且多事前无预备，即有所学亦为速成法政。光绪三十四年七月学部通咨说：

① 《光绪新法令》卷11。
② 《光绪新法令》第13册。
③ 《学部奏咨辑要》第一编。

……各省所派游历官属于考察者居多，凡官署、学校、警察、银行、铁道、会社以及工厂、农场、水道、陆军几于无项不往参观，而本无专门之学，于方言复多隔阂，求其实有所得者殊不多觏……查日本法政大学专攻科附有特设部一班，讲解期间可以三四月为限，最适游历官之听讲……总核人数如在30人以上即请该校开班讲解。……①

此外光绪三十二年直隶总督袁世凯，因办学校须亲往外国考察确有心得始能措置裕如奏请选派翰林出洋游历，由学部复议在翰林院中选派翰林四五十人分为游历游学两项出国研究，亦带学习与考察性质，可视为官吏游历之一部分资料也。

乙 贵胄游学

中华民国成立15年矣，当然无所谓贵胄，然而留学史中确曾有过贵胄游学一段故事，我们不能不知道。

贵胄即满清时代之王公子弟，当时为一种特殊阶级：光绪二十七年外务部因吕海寰奏出洋肄业学生宜防偏重以杜流弊咨出使各国大臣核议，二十八年，由前任出使义、英、比国大臣罗丰禄会同使德大臣荫昌，使法裕庚，使美、日、秘伍廷芳，使俄胡惟德，使英、义、比、张德彝等复咨游学生名目三项即以贵胄学生列首（其他两项为官派学生、游学学生；游学学生即私费生）。②同年宗人府奏派宗室子

---

① 《学部奏咨辑要》第一编。

② 原折云："……一曰贵胄学生凡王公大臣子弟皆是。各国均有一定优待之

弟出洋游历游学，光绪二十九年张百熙等奏定学堂章程亦曾提反，但均未规定特别办法。光绪三十一年因梁诚奏请选王公子弟入陆军学堂肄业，由练兵处订定贵胄陆军学堂章程，专门设校培养他们底军事知识，光绪三十三年十一月，外务部、宪政编查馆、学部、陆军部以贵胄子弟只习陆军，在政治上难谋进步，奏请派赴德国习陆军，英美习政治法律，并拟定章程12条。兹录其前11条如下：

第一条　贵胄游学生系由王公子弟及贵胄学堂高材生中选取，使之游学英、美、德三国，研究专门科学。

第二条　应习之学科分为二种：一政治，一陆军。

第三条　贵胄游学生游学年期，均定以三年。

第四条　贵胄游学生每人给川资700两，月给经费300两，整装费500两。

第五条　每班派通洋文者一人充译员，精汉文者一人充经史教员，均与贵胄游学生同时前往。

第六条　译员每人月给薪水300两，教员每人月给薪水200两，整装费均300两，川资均500两。

第七条　贵胄游学生如带仆役，只准以一人为限。

第八条　贵胄游学生应听本国出使大臣选定学堂上课肄习，平日由本国出使大臣稽查。每届学期，按其功课品行，造册报名外务部，其译员教员统归本国出使大臣节制。

第九条　贵胄游学生如有品行不端，学业无望者，由本

例：执业时与同班学生一体肄习，迨出学堂之门，换去制服，则仍待以贵胄之礼。中国如有此项学生，应仿照日本、暹罗王子办法，送入高等学堂；如英国、伦敦、夏鲁学堂之类，恪守堂规，随班受课，不得有挟贵挟贤之意……"（《约章成案汇览》卷32上）

国出使大臣随时报告外务部调回，其尤甚者并请从严惩戒。

　　第十条　贵胄游学生如能始终勤奋，学业有成，期满回国时即予擢用；其尤为优异者，破格超擢。

　　第十一条　译员教员如能克尽厥职，三年期满，由外务部照异常劳绩保奖一次，其有不能称职者，随时由本国出使大臣电告外务部撤回，另行派员前往接替。[①]

　　贵胄游学生之治装费、川资费等等都比译员与教员为多，而游学国以英、美、德三国为限，学习科目以政法陆军为限，其重视特殊阶级之思想很显明，改元而后虽无所谓贵族，但达官伟人子弟之出国求学者仍不免有阶级之流毒。（黎元洪子女去美，在国内受上海社会之特别欢送，至美为公使特别照料即其一例。）

丙　女子游学

　　中国人对于女子教育的观念自昔就是以顺为正。戊戌之后，虽然举国知变法之重要，但在光绪二十九年以前，女子教育在学制系统上尚无正式的地位。就是当时一般自命为明达的人，创办女学，也只以上可相夫，下可教子，近可宜家，远可善种的理论为根据，当然说不到留学。但江浙离日本近，父兄去日者多，女妹亦有随之而去者。明治三十八年（光绪三十一年）三月，日本之东西女学并附设中国女子留学速成师范学堂，实践女学亦设中国女子留学师范工艺速成科。东西女学本科修业二年，并有修业六月之音乐专修科与游戏体操专修；实践本科一年，工艺科六月。[②]当时去日之女生大概在此等专设之学

---

① 《学部奏咨辑要》第一编。

② 《皇朝经世文编》卷27《提倡女学启》。

校补习，而实践校长为日本女界著名之下田歌子，官费生多集该校。光绪三十一年，湖南派女子20名赴日习速成师范，奉天并特派熊希龄去日考察教育，与下田歌子特约，每年派女生15名至该校习师范，[①]此为女子留日之最初期。光绪三十三年五月，江督考选男生十人赴美国耶路、干尼路两大学，并同期时选女子三人赴美国威尔士利女学，[②]为官费女生留学西洋之始。光绪三十四年浙江举行同样考试，宣统二年五月学部限制女生游学，但同时亦取得与男生一体挨次补给官费之同等权利。[③]自此而后清华有间年考送女生十名之规定，各省官费留学无男女之限制，浙江近更规定留日官费生出缺即以女生考入日本国立高师等校的递补，[④]尤特别重视女子留学，但以历史上男女教育不平等的原因，女生数量终远不及男生——即留美男女生亦为十一与一之比。[⑤]

---

①　《东方杂志》2卷6号。

②　《东方杂志》2卷8、9号。

③　当时男生资格为中学堂以上毕业程度能直接听讲，女生有中文通畅，洋文亦有门径。被取录者男生为胡敦复、辛耀庠、王钧豪、韩安、倪锡纯、陈达德、李谦若、郑之藩、蔡彬懿、侯景飞、王侯等人为北洋大学学生，因欲毕业未去，由备取杨景斌、杨豹灵递补。女生为胡彬夏、宋庆林、王季茞，另备取二名为王季明、杨荫榆。胡等三人照原案去美，王、杨两人改派日本留学。（江宁《学务杂志》丁未年第六期，公牍栏）

④　原咨云："女生游学为养成母教之基……留学外国以进求高等专门学艺为主，故定章凡出洋学生必须中学毕业程度方能派遣。目前女学尚未发达，学校无多，虽不能限以中学毕业程度，亦应慎重慎择……至自费女生补给官费，应以考入东京高等女子师范学校、奈良高等女子师范学校、蚕业讲习所女子部三校为限。照考取之先后名次与男生一体挨次补给本省官费。"（《学部奏咨辑要》三编）

⑤　中九：留学日本问题（《中华教育界》第15卷第9期）。1925年中国留美国学生1600余人，女生640人。（见常道直：《留美学生状况与今后之留学政策》）

第十一章　留学资格与经费

甲　资格

中国素以闭关自守为事，故对于外国文化无澈底的认识，派遣留学生亦大半为临时的应付，所以对于学生底资格并无严密的规定。曾国藩、李鸿章等最初派遣幼童赴美，只有聪慧幼童年十三四岁至二十岁为止曾经读中国书数年之规定，以后李鸿章奏派闽厂船政学生去英法习海军、武弁去德习陆军都未严限资格，而且也不是普通的留学生，即资格有所规定，也不足以视为定例。光绪二十四年张之洞、刘坤一议覆新政与光绪二十九年张百熙等奏定学堂章程虽极力提倡游学，但留学生之资格仍无限制。直至光绪三十四年二月因留日学生过多，流品太杂，始有资格之限制。其原文如下：

一资格宜限定：学长期者除习浅近工艺仅须预备语言，于学科毋庸求备外，凡欲入高等以上学校及各专门学校者必须有中学以上毕业之程度，且通习彼国语言方为及格……习短期者除游历官绅可少宽限制，其习速成科者或政法或师范，必须中学与中文俱优，年在25岁以上，于学界政界实有经验者方为及格……无论官费私费，长期短期，游历游学，必品行端谨无劣迹，身体强健无宿疾。①

斯年七月更由学部通咨各省，非具中学毕业程度通习外国文字能直入专门学堂概不咨送。以后无何种变更，直至民国五年教育部发布选派留学外国学生规程，始将资格提高，有下列五项之规定：

1.曾任本国大学教授或助教授继续至二年以上者；

2.曾任本国专门学校高等师范学校教授继续至二年以上者；

3.曾经留学外国大学高等专门学校、高等师范学校本科毕业者；

4.本国大学本科毕业生；

5.本国专门学校、高等师范学校本科毕业生。②

此特就官费生而言，私费生底资格较低。民国三年一月教部发布之管理留学日本自费生暂行规程，规定

1.中学以上学校毕业者；

2.中学以上各校教员。③

---

① 《学部奏咨辑要》第一编《限制游学办法》。

② 《教育法规汇编》，页419。

③ 同上，页435。

民国十三年七月则将第二项资格改为"办理教育事务二年以上者"。①

从上面的事实来看，留学生底资格可以分为三期：第一期无普遍的规定，惟由派遣者认可，时间自同治十一年至光绪三十二年；第二期以中学毕业为最高资格，自光绪三十二年至民国五年；第三期以大学校及专门学校教授及毕业生为本位，自民国五年至今；但自费生仍以中学毕业为主要资格。60年来留学生之法定资格，除近数年外均以中学毕业生为主，而自费生亦以中学毕业为最多。据民国七年至民国十年之自费生437人之统计，中学毕业生占42.14%，且有中学肄业生6.02%，大学肄业29.84%，大学毕业21.99%。②

留学资格之取得，官费生除最早派遣幼童赴美与光绪二十八九年之间初派留学生少人应试只由官厅择定外，余均须受竞争试验。照民国五年选派留学生规程，须经两次试验，第一试由省政府主持，第二试由教育部主持。关于选派名额及留学地方，研究科目与年限等均由教育决定，其规程如下：

> 每届选派学生先期由教育部议定应派名数、留学地方、留学年限、研究科目及各省应送备选学生名数并第二试在京举行日期列表公布。
>
> 教育部议定前项应派名数即以民国三年七月以后各省咨报教育部有案之核定留学名额为限。③

---

① 《中华教育界》14卷第2期，国内教育新闻栏。

② 陈启天：《留学教育宗旨与政策》（《中华教育界》第15卷9期）。

③ 《教育法规汇编》，页420。

官费生因有限制，故各省名额有定，但最近报部有案者亦达1393人；①自费生底资格限制既宽，且不须考试，只要能自备资斧者均可出国，所以自费生还多于官费生。②

乙　经费

留学经费可分两项说明：一、经费之规定，二、经费之来源。

当光绪初元留学之始，出国人数甚少，故无普遍的规定，第一次派遣赴美之幼童，规定为每名来回川资费及衣物等件每名790两，合现在银元约1180余元，每年食用等项400两约600元上下。闽厂学生则每名治装50磅约500元、川费400元，每年学费120磅约1200元。光绪二十九年以后，去东西洋各国留学者日众，三十一年外务部与学部奏定《西洋游学简明章程》，规定西洋留学生每人每年以1200金为率，同年学部奏定管理留学日本学生章程，对于官费生学费为普遍的规定，其条文如下：

一、官费生学习普通学科及肄业私立高等专门学校与私立大学者，每人每年学费日金400元整。

一、官费生肄业官立高等专门学校者，每人每年学费

---

① 陈启天：《留学教育宗旨与政策》。

② 据民国十三年留美学生联合会所编之《留美学生录》（Hand–Book of Chinese Stndents in the U.S.A.），全体留美学生共1637人，自费生占1075人。据《寰球中国学生会民国十五年特刊》统计民国十年至十四年之出洋人数共1198人，自费生644人，官费生544人。（该刊统计表所列之数错误，此系根据该刊所列五年间出国留学生姓名录统计之结果。）

日金450元整。

一、官费生有由官立高等学校毕业升入官立大学者，每人每年学费500元整。其入官立大学只习选科者，每人每年学费450元整。

一、由官立高等学校毕业升入官立大学之学生，除支给学费外，所需实验旅行等费，得由副监督酌核支给。[1]

留学西洋各国学费规定如下：

英	每月16磅	一年192磅
法	每月400佛郎	一年4800佛郎
德	每月320马克	一年3840马克
俄	每月135卢布	一年1620卢布
比	每月400佛郎	一年4800佛郎
美	每月80元美金	一年960元美金

每年学费均照西历计算，不必计闰。

此系按照入大学专门之学费计算，若新派学生，尚在学习预备者，每月可减去五分之一。京外各处汇寄学费，应将中国银两按数合成金磅、佛郎、马克、卢布等，由外国银行汇寄。[2]

民国二年教育部公布经理《留学日本学生事务暂行规则》，对于学费有下列之规定：

留日官费生月给官费分为甲乙两种，规定如左：

甲、月给日币42元，乙、月给日币36元。前项甲种官费

---

[1] 《学部奏咨辑要》第一编。

[2] 《光绪新法令》第13册。

限于留学日本帝国大学生支给之。

留日官费生毕业回国川资定为日币70元，但边远省分各生得由经理员呈请各本省行政公署酌量增给之。（以上原文第十二条）

凡官费生除前条所开之学费外，不得别立名目要求费用。（第十三条）

官费生如染时疫病症非入院医治不可者，每日得给与病费日币二元，以二星期为限，限内不足之费及限外不能出院，概由其学费内开支。（第十四条）

官费生如被火灾水灾确有损害者，经查明属实得给予恤费日币40元。[①]

民国三年十二月教部公布管理学生事务规程，将学费更分为三级：即留学日本帝国大学者月给日币42元，留学第一至第八高等及东京高师、高工、千叶医专月给日币32元，其余官费生月给日币36元。受灾，恤费40元，自费生亦得支领。

斯年教育部并公布经理欧洲留学事务规程，第七条即为学费等项之规定，原文如下：

留学欧洲学生往返川资、治装费及每月学费应照下开数目支给。除学费川资及治装费，无论具何理由，不得另支他项费用。（第十一条）[②]

---

①　《教育杂志》第5卷第12号。

②　同上8号。

留学国别	每月学费	出国川资	回国川资	治装费
英国	英金 60 磅	本国银 500 元	英金 50 磅	本国银 200 元
法国	佛郎 400 枚	同上	佛郎 1250 枚	同上
德国	马克 320 枚	同上	马克 1000 枚	同上
比国	佛郎 400 枚	同上	佛郎 1250 枚	同上

民国三年教育部公布经理美洲留学生事务暂行规程，定月费美金80元，出国川资国币500元，回国川资美金250元，治装费国币200元。

民国五年十月教育部发布《选派外国留学生规程》，将留学各国学费改订，并加入奥国。惟除日本外，其他各国数目无增减。

留学生应支治装费，往返川资，及每月学费数目定如下表：

留学国	治装费	出国川资	每月学费	回国川资
英国	本国币 200 元	本国币 500 元	英国币 16 磅	英国币 50 磅
法国	同	同	法国币 400 佛郎	法国币 1250 佛郎
德国	同	同	德国币 320 马克	德国币 1000 马克
比国	同	同	比国币 400 佛郎	比国币 1250 佛郎
奥国	同	同	奥国币 400 佛郎	奥国币 1250 佛郎
义国	同	同	义国币 400 佛郎	义国币 1250 佛郎
瑞士国	同	同	瑞士国币 400 佛郎	瑞士国币 1250 佛郎
俄国	同	同	俄国币 135 罗布	俄国币 450 罗布

留学国	治装费	出国川资	每月学费	回国川资
美国	同	同	美国币 80元	美国币 250元
日本国	本国币 100元	本国币 70元	日本国币 46元	日本国币 70元

治装费及出国川资由教育部在京发给。

每月学费由监督查明各该生行抵留学国之日起算，按月发给，不得预领。

回国川资由监督于填发证明书发给之。

留学生因研究学术必须巡历地方或经指定转学他国等特别情形时，得另酌给旅费，但应先具预算书，呈由监督呈部核准。

留学中罹疾确有医证者，于学费之外，得酌给医药费，但通留学期内，不得过国币300元之数，并应将医药各收据，呈送监督核验。

留学中罹疾至四个月尚未痊愈者，得免其留学，酌给回国川资，但不得超过表定数目。

留学中死亡者，得由监督设法就地殡葬，殡葬之费，不得超过表定回国川资数之一倍，其家属愿自费运柩回国者听。[①]

民国七年因世界大战物价昂贵，四月三日由教育部通咨各省留日每名每月增给日币4元，七月再增给2元，共为56元。斯年七月教部并电留欧学生监督准德比生月给500马克，英生20磅，法瑞生500佛郎。嗣后各国生活程度增高，日本留学生学费照教育部补助费之规定为每月日金70元，浙江省费规定为每月77元，其他各省亦大致相似。江苏对于美国留学生月费定为每月美金90元。

---

①　《教育法规汇编》，页421—422。

而清华对于留美学生学费之规定，更特别优厚，兹录常道直调查所得之一表于后：

项目	治装费	出国川资	每月用费	学费	毕业及学位文凭费	学位论文印费	转学旅费	医药费	回国川资
数目	260 元	无定限约800元至1000元	$ 80	无定限约$100至$700	约$25	$ 250	由西部转学东部约$120	无限制	$ 520

注：元为国币，$为美金。①

其他为参谋部派遣之学生用费按照各国生活情形临时规定，海军部定英生月16磅，美生84元（民国七年规定）。交通部最近规定，更比普通官费（清华除外）为优。（见第九章）

以上为国外留学生费用数目规定的变迁情形。

留学经费之来源各时期不同：光绪初元，留美幼童经费由江海关洋税项下年拨6万两，闽厂学生经费由闽海关及该省拨南北洋海防经费中提用，每三年计20万两。出使大臣带赴各国学生的经费则由出使经费项下指拨。光绪二十九年，各省派遣学生去日本习陆军、师范、法政等均由各该省筹提闲款或指拨正税，二十九年以后，学生虽多，但因当时特别奖励自费之故，自费生居多数。不过日本士官学校及特约学校学生则均为公费。此项公费按省分摊，前清大概由藩司拨付，民国以后则列为教育经费之一部分，与其他教育费同由省财政厅支付。此外隶于教育部之留学经费由教部支付，属于清华生者由清华校费中支付。兹将民国五年之中央及各省留学经费，民国十年之清华留

---

① 常道直：《留美学生状况与今后之留学政策》。（《中华教育界》第15卷9期）

学经费等列表如下:

第一表　留学经费统计表

费别	费数以元为单位	百分比	等第
中央	238,092	7.25	2
直隶	68,312	2.21	13
奉天	65,972	2.12	14
吉林	38,000	1.23	17
黑龙江	4,650	0.15	23
山东	68,758	2.22	12
河南	58,904	1.91	15
山西	52,500	1.71	16
陕西	68,659	2.11	13
甘肃	28,026	0.91	19
新疆	11,619	0.37	22
江苏	131,000	4.26	6
安徽	32,385	1.06	18
江西	126,048	4.09	7
湖北	133,172	4.33	5
湖南	123,430	4.01	8
四川	97,276	3.23	9
浙江	138,118	4.48	4
福建	82,644	2.69	10
广东	213,301	7.02	3
广西	18,056	0.59	20
贵州	15,000	0.49	21
云南	77,728	2.56	11
清华	1,150,000	37.20	1
总计	3,041,650		

说明: 此表各省及中央留学经费系根据贾士毅所著之《民国财政史》第979—999页汇集而来,清华经费系根据《新教育》第6卷第1期之统计。此表之留学经费系包括东西洋及留学经理费而言,黑龙江并包括京津留学费在内。新疆经费系完全为留俄之用。

此每年3，041，650元之留学供给的学生为各省留欧学生318人，留日学生1075人；[1]教育部留欧美生35人，日本生13人。[2]此外清华生455人，[3]共计欧美生808人，日本生1088人。但据民国九年留日学生总会调查，留日学生总计3800余，除官费生1240人外，余2600余人均为自费生；民国十三年留美学生1637人，有自费生1075人。又欧洲各国留学者自费生亦多于官费数倍：据华盛顿商务局调查，中国在英学生250人，法国千余人，德国300余人，其他各国虽较少，但合计总有数10人，总共欧洲生当不下1600人，而官费生只353人，自费生尚有1200余人。照此粗率的统计，留学生总数约7000余人，而自费生达5000，占全数三分之二以上。若以各国留学生用费数目估计，自费生用去之经费，可得数目如下：

　　1.日本每人每月70元（现在日币换中金为915，价值相去不远），加旅费杂用等每人每月80元，全年960元，以自费生2650人计，每年应2，544，000元。

　　2.美国每月以美金90元计，折中金180元，加旅费每人每月算中币220元，全年2640元。1075人，每年应2，838，000元。

　　3.欧洲学生平均每人每月连旅费以160元计算，全年应

---

① 据《中华教育界》第15卷第9期陈启天《留学教育宗旨与政策》转录《教育部行政纪要》第二辑之统计表。（原文未注来源，后经询及，由著者面告。）全表并见本书第15章中。

② 据《中国年鉴教育部》民五统计：欧美学生计美国、德国各3人，法国20人，英国11人。

③ 据《新教育》6卷1期。清华留美学生本有较近之统计，因经费以该志为断，学生数亦取该志之统计，但与民国十三年之新统计数目（433人）相去其近。

1920元，以1250人计算，每年应240万元。

三项总计共得7，782，000元，连官费3，041，650元，共为10，823，650元，外加交通部学生70名，每年20万元，共11，023，650元，共学生7200名。而全国高等教育经费只13，950，424元，[①]留学费为全国高等教育费79%。换言之，国外留学生每人每年需1500元以上，国内高等学生只需400上下，就经济方面讲，不是一大可注意的问题吗？

---

① Statistical Sumaries of Chinese Education. (*Bulletins on Chinese Education*,1923. 商务印书馆）

第十二章　留学管理

光绪二十八年以前，除出使大臣随带之学生人数甚少无专人管理外，其余均派专员监督。初派幼童赴美国外，既派陈兰彬、容闳为正副委员经理一切，国内并在沪设办事处专司选拔学生。因幼童年幼学浅，并派翻译及教员随之出国，教以《孝经》、《小学》、《五经》及律例诸书，星期并由委员宣讲《圣谕广训》示以尊君亲上之义。此时学生除按时修习功课外，消极方面有三种限制：1.不准半途而废，2.不准入籍外洋，3.学成后不准在华洋自谋别业。不过光绪七年，因委员吴子登底顽固，卒由政府招回，实政府使之半途而废；至入籍外洋与在国外终老者亦不乏人。

闽厂学生与武弁均因出国时间不长，且由李鸿章始终主持其事，故中途不生波折。武弁生去德因人数甚少，且由德国教员李劢协带往，未派专员监督，闽厂学生则派李凤庵与日意格（法人）为华洋监督，不分正副，分驻英法督促学生学业经理一切费用。

光绪二十一年至二十八年之间，浙鄂等陆续派遣学生去日，亦派专员监督，二十八年留日学生渐多，因保送成城学校事大闹使馆，致召日警挟掖而出，^①学生既以为有失国体，日人亦觉管理中国学生应有中国负责，于是外务部根据专使大臣载振调查游学生滋事专折奏请设日本游学生总监督，时为二十八年八月；首先被选之监督为外务部员外郎汪大燮。此事外务部奏议言之甚详，兹摘录于下：

> 查近来屡奉诏饬各省逐派学生出洋肄业，并准自备资斧前往，士皆竞奋于学，不惮负笈出游。日本地近费省，趋之者尤众。其官派学生各省，或有委员监督，或无委员监督，自费学生则自保送入学后，并无约束。情谊既难联络，规制亦未整齐。出使大臣虽有稽查照料之责，而交涉事繁，兼顾实难周到。该学生等分疏势隔，且虑下情无以上达，一

① 载振《奏覆日本游学生滋事折说》：中国游学日本学生人数日多，由各省督抚咨送到日者为官派学生，其自备资斧东来游学者，谓之自费学生。向皆安分守己，劬学精进，日人颇称道之，分派同文、宏文、成城等学校安插肄业、渐渐升至大学及专门学校，分类讲肄，以期有成。惟成城学校为士官初阶，所习以武备为主，非由驻日使臣保送，不得自请投学。诸生目击时艰，意图振奋，颇有愿入成城学校者，故无论官生、自费生前均保送有案。此次有自费学生钮瑗等五人，愿入成城学校，适有候补京堂吴汝纶经大学堂派令查考学校来日，该生等即浼其商请蔡钧，具文保送。蔡钧令各学生自行环保，即允转送，诸生以蔡钧并无难色，遂联同志增至九人，书具互保甘结，送入使署。蔡钧以人数太多，将该生等原结送至日本参谋本部署，该部以与向例稍为不符，函复该大臣，请其亲自具函保送。蔡钧以时值溽暑放假，参谋部大臣福岛避暑他出，未即举办。诸生疑蔡钧有意阻挠，于六月二十四日巳初，约同江苏举人吴敬恒、孙揆均等20余人，赴使署见问。蔡钧以其人众未肯接见，该生等忍饿鹄立，日昃不散，蔡钧即遣人邀吴汝纶及日本外部缮译小村光太郎到署劝解，并招警察官至使署弹压。诸生见警察官入署，以为胁己，未免口出重言，坚不肯退。直至夜分，蔡钧即嘱警兵将诸生掖入警署，于是人情汹汹；或谓其辱及斯文，或谓其自招警兵入署，有失国体。次日复有学生数十人，同赴使署。蔡钧已先期属令警兵守门，大半摽诸门外。其已入者，复经警兵扶掖而出。此事始终本末，大略如此。（《约章成案汇览》卷32下）

涉猜嫌，转生纠葛，自非特设专员总司其事，不足以端正其趋向，策励通才，仰副朝廷作育裁成之至意。此次载振过日本时，见其外部大臣小村寿太郎即以选派博学爱才之人充总监督驻扎是邦为言，臣等屡晤日本驻京使臣内田康哉，及其高等师范学校长嘉纳治五郎来京，皆述游学生各节，望中国派员监督，妥定章程，俾各学生免误方向。学业有成，以备将来任用。其词意俱甚切挚。联友邦维持之谊，慰多士仰望之心，责成尤在得人造就，方有实效。臣等公同遴选，查有四品衔臣部员外郎汪大燮品端学裕，器识宏通，随使出洋，办事妥洽，于日本游学生情形，尤为稔悉。拟请派为总监督前往驻扎。所有官派自费各学生统归管辖令商日本外部交部参谋部妥定章程，随时认真经理，遇事径达臣部，应请将该员赏给卿衔，由臣部刊给木质关防一颗，文曰《大清管理赴东洋游学生总监督之关防》，以昭信守，准其酌带随办文牍及翻译共二三员，所需薪水用项，每岁准支银二万两，由出使经费内提拨。三年期满，再行奏请更换，随带人员，届时照出使章程请奖。①

光绪二十九年四月慈禧太后令张之洞拟订约束学生章程，张于八月拟订约束学生鼓励毕业生章程各十条。自行酌办立案章程七条，由外务部学部通知出使大臣，留学生监督执行。此项章程虽未指明专为留日学生而设，但实际上却指留日学生。约束学生章程为以后各种管理游学生章程之张本，自行酌办立案章程即自费生管理生规程，兹并录其全文如下：

---

① 《约章成案汇览》卷32下。

约束游学生章程

一、此次章程奏定后，以后续往日本游学学生，无论官费生私费生，并无论日本官设学堂私设学堂，均非出使大臣总监督公文保送不准收学。而该官私学堂自行收留者，将来毕业概不给以奖励。

一、总监督保送学生入私设学堂须经文部省认可其教育程度与官学堂相等者方为合格。惟经文部省认可之专为中国学生设立之预备学堂（如宏文书院等），其章程虽多变通，亦可保送。其奖励年限应归普通高等各学堂核计。

一、游学生在学堂中品行应归学校考察，其在外言动举止如有不轨于正之据，经中国出使大臣总监督察访得实，随时知会该学堂商酌，务减其品行分数。

一、游学生在各学堂非实有病症，概不准轻易请假出外，及虽在学堂而托故不上讲堂，应请与日本学生一律督责，勿稍宽假。

一、学生在学堂时，应以所修学业为本分当为之事，如妄发议论，刊布干预政治之报章，无论所言是否，均属背其本分，应由学堂随时考察防范，不准犯此禁令。如经中国大臣总监督察访留学生中有犯此令之人，随时知会该学堂，应即剀切诫谕学生，立即停辍。如有不遵，即行退学。

一、凡现在已留学堂学生，无论官费生私费生，查有过犯及品行不端者，经中国出使大臣总监督知会该学堂请为斥退者，日本学堂应即照办。如日本官私学堂并不照行仍听留学者，毕业后亦概不给以奖励。

一、各省所派官费生及私费生往日本游学者，经本省督抚查有不安分品行不端之人，随时咨明中国出使大臣总监督，转达日本各学堂，请为斥退者，日本各学堂亦应照办。

一、学生于功课之暇，如有编辑教科书及译录所习科学之讲义，及翻译有裨实用之书，自不在禁例。此外无论何等著作，但有妄为矫激之说，紊纲纪、害治安之字句者，请各学堂从严禁阻；或经中国大臣总监督查有凭据，确系在日本国境内刊刷翻印者，随时知会日本应管官署，商酌办法，实力查禁。其污蔑人名节者，经本人或本人委托之人按律在日本应管官署指控查实后，仍行惩办。

一、中国游学生会馆办事有紊纲纪、害治安及不安分之事者，应由出使大臣总监督咨会日本应管官署，随时查禁，严加裁制，务期杜绝流弊。

一、凡现在日本各学校及已经退校之中国留学生，如确有紊纲纪、害治安及不安分之事者，应由该官员严加约束。如察其无悛改之望者，即行饬令回国，不准稍有逗留。

自行酌办立案章程

一、现在已入日本官私学堂之中国游学生，章程内已定明无论官费生私费生均由出使大臣总监督查有过犯及品行不端者，知会该学堂请为斥退，应即责成出使大臣监督，将现在日本各省之游学生确加考覈，择其言行端谨、安分用功之学生，从前未有公文保送者，饬传各该学生报明三代、籍贯、年岁、出身，取具遵守约束甘结，汇列各该生姓名籍贯，补具公文，分别保送各该学堂，准其留学。其素不安分，有据可凭之学生，亦即开列名姓，备文知会各该学堂，请其即行斥退。仍将留学退学各该学生姓名、籍贯，咨明外务部并管学大臣，暨各学生原籍省分督抚查考。

一、将来游学日本之各省学生，章程内已订明非出使大臣总监督公文保送不准收学，并订明私设学堂须经文部省认可，其教育程度与官学堂相等者方为合格，应即责成出使大臣总监督，嗣后游学生入学，须先尽官学堂保送。一面确切访查文部省认可之各私设学堂，其一切教育管理之法，是否认真，其程度是否果与官学堂无异，细为比较，择其名誉最优，确实可信之私学堂，始准保送学生入学，仍酌定限制，每年保送留学生入日本私设学堂者，其人数至多不得过官学生之半，以昭慎重。

一、此次定章以后，各省自备资斧出洋之游学生，应先由其家父兄或亲族呈报本籍或留寓所在地方官，查明本生实系性质驯良，文理明顺者，准其申送该省学务处，详加考验，禀请督抚覆核给发咨文转给该学生领赍出洋。各衙门办理出洋学生文件，不准书吏需索分文。

一、凡不遵约束不安本分之学生，商明日本各学堂斥退后，应由出使大臣总监督随时严密稽察，其无悛改之望者，务须查照现定章程，商请日本该管官署勒令该学生附船回国。一面分别所犯轻重，详叙事由，咨明该学生原籍督抚酌量办理，并咨明外务部管学大臣查考。

一、保送学生入日本各学堂，除农、工、商各项实业学堂及文科、理科、医科各专门不限人数外，其政治、法律、武备三门，宜分别限定名数，每年只准保送若干名。武备一门，非官派学生，不准保送，政治、法律两门，亦先尽官派学生保送。如自费学生本系官职请咨前往者，不在限数之列。

一、在日本私设学堂毕业回国之学生，除由出使大臣总监督确查其平日品行果系端谨，科学果系优娴，始准保送进京候考外，应请钦派大臣考察试验时，格外认真查核。其品学兼优者，自应与官学堂毕业生一律给奖，勿庸加以区别；如品行实有可议，科学程度实有不符，即酌量减其奖励，以示区别。

一、凡各省选派官费学生出洋游学，俟毕业回国后，无论得何奖励，均须在本省当差五年，以尽义务。五年期内概不准另就他省差使，他省亦不得遽请调往差委。[①]

当时各省派遣学生去日虽各有监督管理，但管理通则大概以张所奏定者为准。光绪三十二年十月，学部以下列种种原因，奏请在出使日本大臣署内设游学生监督，管理留日学生。原奏说：

日本各种学校完备者固居多数，而专为中国学生设立之学校，学科参差办法迁就者亦所不免，此学校之宜指定者也；求学之道，宜恒宜实，游学日本各生以无人稽查之故，所入之校视为传舍，认定学科，意为变迁，甚或但往应考而平日潜行回国借钞讲义，而本人并不上堂，此功课之宜查禁也；学生既多，性行不一，年轻子弟，见异思迁，侨寓他邦，家教不及，其以行检不修，贻笑外人者时有所闻，此品行之宜匡正者也；各省所发学费，向无定数，多少悬殊，或因补额而起纷争，或因求多而互相藉口，经理既多不便，滥费亦所不免，此学费之宜厘定者也。

---

① 《约章成案汇览》卷32上。

因此数事，故奏请派专员综理其事，并拟定章程40条，分总纲、权限、责任、管理条规、设员办事条规、经费六节。此章程对于张之洞所奏定之约束学生章程虽大有增删，但精神仍系一贯，不过设官条规为张章所无，张章特别注重转请日校取缔，此则自己管理而已。此案定后，以后欧洲各国游学生监督规程，即以此为本，其一部分精神且延至现在未替，兹录其重要前四节于后：

第一节　总纲

一、于驻扎日本出使大臣署内，设游学生监督处，为管理游学生治事之所。

一、设监督一员，管理游学生一切事宜，以出使日本大臣兼任。

一、设副总监督一员，由学部会商出使日本大臣奏派。

第二节　权限

一、副总监督承总监督之指挥，办理所有游学生事务。

一、凡游学生事项，有关于外交者，由副总监督禀请总监督主持。

一、凡关于各学校及关于游学生之事项，副总监督得自行办理。

一、监督处办事各员有不得力者，副总监督得随时禀请总监督撤退。

第三节　责任

一、对于学部及各省督抚应将学生成绩高下，功课勤惰，品行优劣据实报告。

一、对于游学生应负爱护、指导、纠正、扶持之责。

第四节 管理条规

一、凡游学日本学生无论官费自费，所入学校，非经日本文部省选定及出使日本大臣认定者，概不送学。将来毕业，亦不给证明书。

一、凡游学日本学生，无论速成毕业、普通毕业、专门高等及大学毕业，均须有总监督证明书，无证明书者，不得赴部投考，并不得充各省官立学堂教习。

一、凡游学日本学生入学、退学、转学及改学科暨请假等事，均须本处认可，其未经认可而擅行者将来毕业，概不给证明书。

一、凡游学生如有品行不修、学业不进者，经本处查明，即行勒令退学，并咨回原省。

一、凡游学生非在本国中学堂毕业及有同等之学力或在日本各普通学校毕业者，不送入官立高等及专门学校；非高等毕业者，不送入官立大学。

一、本处应于每年正二月间查明日本普通各学校年内所有游学生毕业者若干人，毕业以后，愿学何科，愿入何校。审定人数，先与日本文部省协商预为布置。

以上系普通管理条规

一、凡官费生所习学科，虽由本生认定，本处亦得斟酌指派，但须说明指派事由。

一、凡官费生寄宿舍除在学校外，其在旅馆下宿或自租房屋者，如本处认为不适当，得限令迁移。

一、凡官费生学费概照本章程所定数目，由本处按照人数，将学费汇存银行，每学生各给一簿，由学生按照西历每月于先月杪（如正月学费于十二月杪支取）持簿赴银行支取，不得预支。

以上系管理官费生条规

一、凡自费生能考入官立高等或专门学校及大学者，应由总监督商请该生本省督抚，现给官费，其余官费缺出，概不补入。

一、凡自费生先有名籍在使馆，而又能遵约束者，如有资斧不继，经总监督查明属实，得在该生本省经费项下拨借，至多不得过50元，限两月还清。惟拨借之时，须有官费生三人保证，如逾期不还，即于保证人名下按数匀扣归还，以后该生不得再借。其曾为人保证有应代还之款未及还清者，不得再充保证人。

以上系管理自费生条规

斯年十一月十三日对于管理官费与自费生规程又各增二条如下：

管理官费生规程

一、凡官费生患病非入医院不可者，应入监督择定之医院，医费一切宜从节约，由副总监督派员与医院清算，毋庸学生经手；其可不必入医院者，概不给费。

一、凡官费生既入医院，学费即行停止，俟其出院入学，再行发给。

管理自费生规程

一、凡自费生先有名籍在使馆，而又能遵约束者，如有疾病入医院，已逾三月之久，资斧不继，自愿回国者，总监督得在该生本省经费项下，酌给川资50元；但以一次为限。

一、凡自费生有死亡者，由总监督分别路途远近，于该生本省经费项下，拨给棺敛运柩费，惟至多不得过300元。①

斯时监督署官制为监督一员，由出使大臣兼任，副监督一员由学部与出使大臣会商奏派。光绪三十四年九月因出使日本大臣胡维德回京，进言学部，谓出使日本大臣向来兼游学生监督名目，管理游学生为使臣职内之事，用不着再兼总监督名目，主张将总副监督一律裁撤，另设专员禀承使臣办理管理游学生事宜。学部采其议，将原有章程重新改订，将监督改由学部会商出使大臣于使馆参赞内遴选奏派，其他无大变更。

光绪三十三年五月因各省派往英、法、德、俄、比各国游学者渐多，江、鄂两省尤众，两江总督端方与鄂督张之洞会奏请将江苏淮扬道蒯光典开缺，派往欧洲充江、鄂两省游学生监督；十一月学部因游欧学生日多，学生管理固当有规程，而监督之责任与权限亦宜厘订，特奏请派蒯光典管理各省旅欧学生，并于其到欧后斟酌情形详订管理章程。宣统元年蒯以一人兼管旅欧各国学生，力有不逮，且游学监督不归使臣节制，交涉时未免扞格，故他主张仿日本游学监督处办法，在各国使署中分设游学监督处。学部于斯年九月本其意见，会商出使各国大臣，奏派候选同知王继曾往法，候选直隶州知州江国珍往德，翰林院庶吉士章祖申往俄，学部七品小京官高逸往比并兼英国游学生监督，均任期三年。宣统二年三月，学部奏定《管理欧洲游学生监督处章程》，分总纲、权限、责任、管理条规、经费五节，大体以《管理日本游学生章程》为本，所不同者只总纲与管理官费生自费生条规

① 《学部奏咨辑要》第一编。

有差异耳，兹摘录如下：

第一节　总纲

一、于英、德、法、俄、比五国各设一管理游学生监督处，为管理游学生治事之所。

一、英、德、法、俄、比五国游学生监督处事务，由各该出使大臣董理一切。

一、英、德、法、俄、比五国各设监督处一员，由学部遴选通晓学务人员，商同出使大臣奏派。

一、除以上诸国外，未设监督处之各国，所有游学生事务，均归相距最近之监督处兼管。

第四节　管理条规

一、游学欧洲之官费学生，以已入大学习医、农、工、格致四科之专门学者为限，习法、政、文、商各科者，虽入大学，不得给官费。至未入大学之学生，以后概不得给予官费。

一、前项学生既至某国，入某校，给官费之后，不得改赴他国游学，并不得改校改科，违者即应停止官费。

一、前项学生在欧洲留学之期，至少三年至多不得过七年，如至七年而犹不能毕业者，应即停止官费。但大学毕业后，再加特别研究者，不在此限。

一、前项学生未经毕业之际，除系重病经医生验明不能修学外，概不准私自辍学回国，违者停止官费，并追缴以前所用官费；其因重病回国者，病愈之后，亦不得复给官费游学。

以上管理官费生条规

一、自费生能考入大学专门学校习农、工、格致、医科，经监督查明确能循分力学，成绩优异者，由监督处咨明本省，酌量补助学费。

一、自费生在大学或专门学校为旁听生，及入学时不依该校考试定章，平时不应学期试验，将来毕业时不能得学位及毕业文凭者，不得给予官费，但已经得有学位及毕业文凭更加特别研究者，不在此限。

以上管理自费生条规①

此规程与管理留日学生规程之最大区别：（1）留日官费生无科目之限制，而欧洲生则以医、农、工、格致（理科）为限；（2）日生修业年期无一定限制，欧生则限以三年至七年；（3）日生有医药费，欧生无之②；（4）日生自费生者得贷费，欧生无之；（5）欧洲有研究生之规定，日本无之。

民国成立，因绌于经费，留日、留欧游学监督处均经取消，但因国外学生甚多，关于交涉，管理等事终不能无人负责，故民国二年八月教部发颁《经理欧洲留学生事务暂行规程》，将从前分驻各国管理游学生监督取消，而派一经理员经理欧洲各国学生学费事项。其职权之规定如下：

欧洲留学生监督裁撤后，由教育部特派留学生经理员一人，经理留学各国学生学费事项；惟俄国学费，由使署兼管，不归经理员发给。（第一条）

———————

① 《学部奏咨辑要》续编。

② 该章程第五节第七条规定说：前项学费系将校内之书籍、实验，及校外之饮食、房屋、衣服、旅行、医药等费一并包括在内，概不另发，亦不准别立名目，增给费用。

经理员除经理学费事项外，教育总长得随时饬令调查左列各款：一、关于学生成绩事项；二、关于各处学校情形，三、关于学术事项。（第二条）

经理员设事务所于比利时国。经理员应得将事务所及住址呈报教育部及通告各省各机关之委托经理员代办者。（第三条）

经理员应于每学年开学一个月内，将官费学生人数分别学校呈报教育部或通告原派省分机关备查。（第十六条）

经理员于每学年终，将次年官费生应行毕业人数详细调查，先行呈报教育部或通告各省及各机关备查。（第十七条）

经理员每月薪俸定为450元，书记薪俸150元，事务所办公费100元，此外不得另支公费。凡发电汇款等费及因公前赴各国川资宿费，得核实报部呈请补给。（第十八条）①

当光绪三十三年，欧洲初设游学生监督时，每年经费38，000两，宣统元年分派法、德、俄、比、英五国监督，将原有经费分摊，每处尚有银7600两，此次改为经理员，管理全欧游学生费用，不及从前一国之巨，而职权更以经理学费为本位，对于学生无监督管理之可言，此为留学管理中之一大变迁。

民国三年一月，教育部公布《经理留学日本学生事务暂行规程》，虽亦称为经理员，但其职权重于留欧学生经理员；而且因留日学生太多，中央派一经理员外，各省并得派人经理，其重要规定如下：

---

① 《教育杂志》第5卷8号。

留日学生事务，由教育部及各省行政公署分别派员经理之。（第一条）

经理员除教育部委派一人外，其余各省或每省委派一人，或数省合派一人，由各省查核学生人数酌量办理。（第二条）

部委经理员经理属于中央之官费生留学事务；省委经理员经理属于各本省之官费留学生事务。

自费生留学事务，经理员应查照《留学日本自费生暂行规程办理》。（第三条）

经理员应办事务规定如左

一、关于官费自费生送学事宜。二、关于官费生发费事宜。三、关于考核证明官费生出入留学国境日期及收验官费生证书公文事宜。四、关于考核官费生之品行及学业各事宜。五、关于留学事项应行报告各事宜。六、关于教育总长或各省行政长官或驻日公使临时委任各事宜。（第七条）[①]

照此规定，经理员对于学生有监督管理之权，与从前之监督无甚差别。民国三年八月，教育部更颁布《经理美洲留学生事务暂行规程》，其办法与经理欧洲留学生者相似。

民国三年十二月教育部公布《管理留日学生事务规程》40条，即将前项暂行规程32条废止。此次改订之最重要者：（1）将中央之经理员改为部派监督；（2）各省经理员对于部派监督为从属关系；（3）部派监督得详请教育总长撤换经理员之不称职者，留学生送学

---

① 《教育杂志》第15卷第12期。

事项之在日本文部省直辖之高等专门学校及帝国大学统由部派监督办理，其他各校由部派监督或各省经理员分别办理；（4）部派监督规定薪俸300元，办公费200元。此次由经理员改为部派监督由于驻日公使陆宗舆函称经理员为庶务性质而发也。民国七年十月，更将留日学生监督处扩充，设简派之监督一人，支薪600元，外办公费200元，邮电杂费500元，荐任待遇科长三人，委任待遇科员十人。

民国四年八月教育部公布《管理留欧学生事务规程》；五年三月公布《管理留美学生事务规程》，各37条，将前项暂行规程废止，办法与《管理留日学生》者，相似而较简，惟无各省经理员而已。组织极为简单，两处均只监督一人，欧支薪500元，美支薪400元，各办公费每月国币300元；监督可延用书记，但薪俸在办公费项下开支，较之《留日学生监督》处之大规模的组织，相去甚远。

此外清华学校因美国退还庚子赔款而设立，当时系外务部董理其事，故该校至今隶属于外交部。该校留美学生甚多，特设驻美游学监督管理之，其规章异于教育部所订定者，兹录其重要者如下：

> 驻美游学监督处为清华学校派出机关，其一切重要事务，应直接商准清华学校校长办理。（第一条）
>
> 驻美游学监督处，应在华盛顿租赁房屋，为办事之所。（第二条）
>
> 驻美游学监督处经理清华学校所派游美学生费、月费、川资，暨已核准之自费生津贴，并考核课务，约束风纪，及统计报告庶务一切事宜。（第三条）
>
> 驻美游学监督处一切办理情形，应随时报告清华学校校长，如遇有与美国官厅交涉事宜，非驻美游学监督所能直接办理者，得商请驻美公使酌量办理，并应报告清华学校校

长。（第四条）

监督由清华学校校长选聘，呈明外交部总次长核准，其余各员由清华学校校长选派。（第六条）

监督之职务

（甲）监督代表清华学校校长总理该处一切事务，并指挥监督处所属各职员。

（乙）对于清华游美学生之德智体三育，负考核、诱导、督率之责。

（丙）代清华学校物色相当人材，荐充教职员，并开送名单，以凭审择。

（丁）每年须出巡各学校，并将情形报告清华学校校长。

（戊）协助清华学校职业介绍部，清华校友进行一切，并与美国大工厂及实业家互通声息，俾资赞助。

以上第一章总纲

驻美游学监督处，应于每年三月十月两期内将官费津贴各生人数，分别学校、学科、年级，及成绩，列表汇报清华学校备查，表式另订之。（第十六条）

官费津贴各生毕业、辍学或回国，或留美时，驻美游学监督处应即将该生曾入之学校及学业之成绩，或回国之日期，或游美之住址职业报告清华学校备案。报告单式另订之。（第十七条）

所管之官费学生按月由驻美游学监督处查照游学章程发给月费，同时附寄空白收据三联，令其依式填就，寄回监督处，以一联存查，余寄清华学校核报。（第十八条）

所管之官费学生所需之学费、试验费、健身费、学科

应有之实地调查费，以及毕业证书费等项，由驻美游学监督处查照游学章程直接支给。（第十九条）

所管之津贴学生津贴，按月由驻美游学监督处查照清华学校核定之金额，分别发给收据照第十九条办理。（第二十条）

遇有临时发生为本章程所有未载之事项，必须补助学生者，该监督得于预算范围内，酌量情形办理。（第二十一条）

驻美游学监督于事务紧急不及函达时，得酌量发电，但字宜从简，发电时应一面具函详陈，以昭核实。（第二十二条）

驻美游学监督，对于清华学校及清华学校对于该监督往来文件，统以汉文为主。（第二十三条）[1]

清华学生除所领费用较其他官费生充裕外，在管理原则上亦与其他学生相似，惟直接受清华学校校长之支配，不与游美学生监督发生关系耳。

60年来之游学管理条规虽时有变动，但有些通则如（1）学生学业须受监督考核，（2）学生在国外须敦品励学等却始终一贯。但实际上这种条文却少有实行：光绪二十八年吴敬恒等在日本之聚众滋事，固开游学生不服约束的先河（斯时尚无约束章程），以后闹使馆、辱公使的事情，如民国十年之勤工俭学生，十三年之留日生争补助费事，也是事实上所常有。最可注意者，除前清初期留学生回国有义务年限之规定外，民国以来，所有管理规程，大半详于经费，对于

---

[1]　《清华一览》。

学生回国服务情形竟未道及。选派留学生规程所谓"教育总长认为必要时研究必须留学外国之学术技艺"亦只是一句"问出不问归"的空言，而使留学生自己在社会上乱碰，实在最不经济。

自光绪二十九年张之洞奏定《自行酌办立案章程》以来，私费生之管理即较官费生为宽，而民国时代更为宽弛：资格限制既特别低，学业成绩更不问，民国三年一月公布之《管理留学日本自费生暂行规程》，只有中学以上学校毕业与中学以上教员之限制，民国十三年七月公布之《管理自费留学生规程》，则将第二条改为办理教育事务二年以上者，学力绝对不问，只要经济上能自己供给者均可出国为留学生，因而自费留学生亦特多。

管理留学生历史，还有禁止与外人结婚一条，虽不列于管理规程之条文中，但明令禁止者凡三次：第一次为宣统二年三月，禁止官自费未毕业生与外国人订婚结婚，限制的方法为毕业时不给证明书，官费生并追缴学费，其理由为废业、耗资、忘国；① 第二次为民国七年二月特禁官费生；② 第三次为民国七年七月，官自费生同禁，对官费

---

① 学部原奏："近来东西洋游学生时有与外人结婚之事，此事在寻常侨民，本可不必禁止。惟在游学生则当修业之际，家室之累重，即学问之念轻，一弊也；外洋女子，习尚较奢，而游学生之学费有限，瞻养既多所耗费，即学资易致不给，二弊也；游学生既娶外国妇女，易有乐居异城、厌弃祖国之思，则虽造就成材，而不思归国效用，亦复何裨于时艰，三弊也。查东西各国结婚之期，本皆在学成以后，未有学未毕业，先求家室者。况乎中国派往之游学生，尤当克苦求学，岂容遽就宴安。臣部现拟咨行东西各国出使大臣，嗣后游学生未毕业时，均禁止其与外国妇女订婚及结婚，违者毕业时不给证明书，官费生并追缴学费，以戒怠荒，而励进修。"

② 教育部通咨云："留学生与外国人结婚一节，于国家于个人均有损无益，嗣后如再有官费生与外国人结婚情事，应即停止官费，以儆怠玩，而肃学风。"

生尤严。^①但实际留学国外之官费自费生与外人结婚而携妻室回国或竟不回国者不在少数，此种法令亦等具文。

---

① 教育部通咨云："学生与外国人结婚流弊滋多，其在官费学生，尤属不合；嗣后有身隶学籍，来馆请给证书结婚者，迳予拒斥；如在官费学生，并请咨报告本部，一面就近知照外学生监督，加量惩处，仍由本部训令各学生监督，详查前次申令禁止。以后有官费学生私犯令章者，切实开除，以昭炯戒。"

第十三章　留学奖励

中国自明以来即以科举取士，科名之虚荣心深入人心，人民之受教育均以获得科名为目的，游学去国万里，较之国内求学更为艰难，无特殊奖励，自难鼓舞。所以曾国藩、李鸿章初次派遣幼童去美，即规定"每年回华30名由驻洋委员胪列各人所长，听候派用，分别奏赏顶戴官阶"。以后闽厂学生与武弁回国均有职官奖励。光绪十六年以后出使大臣随带之学生三年期满，并可保道府。庚子而后，举国以变法自强为事，游学尤为培植人材之唯一要政，故光绪二十年留日学生滋事，政府以出洋学生流弊甚多，应筹防范之法，于二十九年四月面嘱张之洞拟订约束鼓励出洋学生章程各十条，为奖励游学生有定章之始。其章程为以后各种奖励游学生规程张本，其原文如下：

一、中国游学生在日本各学堂毕业者，视所学等差，给以奖励，但须由中国出使大臣总监督查明该学生品行端谨，并无过犯，出具切实考语，咨送归国，由钦派大臣详加察核，果系品行端谨，毫无过犯；并按照所学科目，切实详细考验，果系所学等差，确与所得学堂文凭相符者，再行奏请奖励。

一、在普通中学堂五年毕业，得有优等文凭者给以拔贡出身，分别录用。

一、在文部省直辖高等各学堂暨程度相等之各项实业学堂三年毕业，得有优等文凭者，给以举人出身分别录用。

一、在大学堂专学某一科或数科毕业后，得有选科及变通选科毕业文凭者，给以进士出身，分别录用；其由中华学堂毕业径入大学堂学习选科，未经高等学堂毕业者，其奖励应比照高等学堂毕业生办理。

一、在日本国家大学堂暨程度相当之官设学堂之中毕业，得有学士文凭者，给以翰林出身。

一、在日本国家大学院五年毕业，得有博士文凭者，除给以翰林出身外，并予以翰林升阶。

以上所列之外，在文部大臣所指准之私立学堂毕业者，视其所学程度，一体酌给举人出身，或拔贡出身。

一、游学生原有翰林进士举人拔贡出身者，各视所学程度，给以相当官职。

一、凡毕业学生首以品行为贵，应请各学堂注重学生品行与各科学一律比较分数，必所定品行分数满足，乃为及格。

一、游学生于各学堂毕业年限，系与日本学堂原定本科毕业年限毫无短减，不得别自为班，希冀速成。

一、此次定章以前已经毕业回国之各省官派学生，均照此次章程由各省督抚考查；其品行心术，如实系端谨无过者，考验其所学程度，查验文凭，实系相符者，即照新章给以出身，已有出身者给以相当官职。其学速成科毕业减短学科年限者，应查明所短年限令以回国后当差劳绩之年资补之。扣足年限，亦一体给以出身，或相当官职。凡定章以前之毕业回国学生，其中如有请赏举人者，俟准奏后应咨送京城由管学大臣覆试。[①]

光绪三十一年，六月学务处考验北洋学生金邦平等奏请殿试予以出身，[②]与试者一榜及第。以后游学毕业回国者日多，而且回国后大半供有要差，不能随时考验，于是学部于光绪三十二年四月奏定每年八月举行考试一次，与考资格以毕业外国专门以上学校者为限；并于八月奏定考验游学毕业生章程五条如下：

一、考试分两场，第一场就各毕业生文凭所注学科，择要命题考验；第二场试中国文、外国文。

一、第一场每学科各命三题，作二题为完卷，第二场试中国文一题、外国文一题，作一题为完卷。

一、考卷由襄校分阅评记分数，再由学部大臣会同钦派大臣详细覆校，分别最优等、优等、中等。

一、毕业生考列最优等者，给予进士出身，考列优等及中等者，给予举人出身，均由学部开单带领引见请旨。

一、毕业生准给出身者，并加某学科字样，习文科者

---

① 《约章成案汇览》卷32上。

② 《光绪政要》："光绪三十一年六月予出洋学生出身谕云：本日引见之出洋学生金邦平、唐锷均着给予进士出身，赏给翰林院检讨，张锳绪、曹汝霖、钱承锳、胡宗瀛、戴翼翚均着给予进士出身，接照所习科学以主事分部学习行走，陆宗舆着给予举人出身，以内阁中书用，王守善、陆世芬、王宰善、高淑琦、沈琨、林荣均着给予举人出身，以知县分省补用。"

称文科进士、文科举人，习法科者，准称法科进士、法科举人，医科理科工科商科农科仿此。①

斯年九月即案此规程考验游学毕业生陈锦涛等，并赏给进士及举人等科名，②尔时在国外专门学校毕业回国者不多，故均能一榜及第。后因日本专门以上学校，常为中国学生特设班次，其学校虽名为大学或高等专门，但特设班次之程度甚浅，其他如外国人在国内设立之大学，其程度也与各该国本国大学之程度相去甚远，而游学考试既为出身的捷径，这些学生，也随之报考，学部恐其过滥，特于光绪三十三年五月奏请限制；上述各校之学生均不能视为游学毕业，一体送考。同年十一月因进士馆出洋学生回国，并定进士馆游学毕业学员考试章程，其办法与三十二年之章程大概相似，最重要之异点，即不准游学未满三年之速成生与试。

光绪三十一年至三十二年两年考试游学毕业生，因阅卷无专才与鼓励游学生之故，考试既不谨严，且将学业试验与入官试验混为一

① 《学部奏咨辑要》第一编。

② 《光绪政要》："三十二年九月赐游学生毕业出身谕云：本日学部带领引见之考验游学毕业生陈锦涛着赏给法政科进士，颜惠庆赏给译科进士，谢天保赏给医科进士，颜德庆赏给工科进士，施肇基赏给法政科进士，徐景文赏给医科进士，张煜全赏给法政科进士，田书年赏给法政科举人，施肇祥赏给工科举人，陈仲篪赏给医科医士，王季点赏给工科举人，廖世纶赏给工科举人，曹志沂赏给医科举人，黎渊赏给法政科举人，李应泌赏给医科医士，王鸿年赏给法政科举人，胡振平赏给法政举人，王荣树赏给农科举人，路孝植赏给法政科举人，薛锡成赏给法政科举人，周宏业赏给法政科举人，陈威赏给法政科举人，权量赏给商科举人，董鸿祎赏给法政科举人，稽镜赏给法政科举人，富士英赏给法政科举人，陈耀典赏给农科举人，罗会垣赏给农科举人，傅汝勤赏给医科医士，陈爵赏给商科举人。"

事，凡考试及第者均予以进士举人分发各省。舆论既有不满，[①]光绪三十三年十二月学部更奏定廷试章程11条，仿中国旧日考试进士之殿试与外国高等文官考试例，凡经学部考验奏请赏给进士举人者，均由廷派分别授职。一切于章程中规定甚详，兹录其前九条如下：

一、凡在外国高等以上各学堂之毕业生，经学部考验合格奉旨偿进士举人出身后，每年在保和殿举行廷试一次，其廷试日期，于八月考验毕业以后，由学部奏请钦定。

一、于廷试之前一日，由学部奏请钦派深明中国文学及科学并外国文之大员数人，以为阅卷大臣；仿殿试例，先期在内阁值宿，以便拟题。

一、由学部谙访明通科学及外国文之京外各官，开单奏请钦派数员，为襄校官，亦先期在内阁值宿，以重关防。

一、恭应廷试经义一篇，科学论说一篇，其经义题目一道，恭候钦命，科学题目，应由阅卷大臣按应试者之学科门类，每门各拟二题，仿殿试例，恭候钦定。

一、此项廷试试卷由学部备办，每人各给中文卷本，其科学论说愿用西文书写者，先期呈明给西文卷。

一、东西国之医科、工科、格致科、农科大学毕业生，及各项高等实业学堂毕业者，往往仅以科学见长，不工文字，此项学生，准其仅作科学论说一篇，不必兼作经义。

一、此项游学毕业生之廷试卷，分为一二三等，中文与科学并能优长者列一等，中文平妥科学优长者列二等，科学优长未作中文卷者列三等。惟一二三各等不必全备，如全

---

① 罗振常：《论考试留学生之宜注意》（《教育世界》第138期）。

系佳卷，不妨尽列一等，如无中文优长者，亦不妨尽置之二三等，不必。迁就。

一、此项毕业游学生之廷试卷，由阅卷大臣拟定等第，奏请钦定后，应由学部将该生等带领引见。其已得有进士出身者，按照二十九年八月升任湖广总督张之洞议奏奉旨《允准鼓励游学生章程》及三十一年《考验游学毕业生》金邦平等成案分别请旨偿给翰林主事等官，其已得有举人出身者，仿照本年举人考职成案，分别请旨赏给主事内阁中书、小京官、知县等官。均于排单内按其所入学堂之程度，与毕业考验及廷试之等第，分别注明，恭候钦定。

一、凡经学部考验列最优等赏给进士者，廷试列在一等，引见时于排单内注明，拟请旨赏给翰林院编修或检讨；经学部考验列最优等赏给进士者，廷试列在二等，引见时于排单内注明拟请旨赏给翰林院庶吉士，俟三年期满，由堂院学士出具考语，奏请分别授职编修或检讨；经学部考验列最优等赏给进士者，廷试列在三等，与经学部列优等赏给举人者廷试列在一等，引见时于排单内注明，拟请旨给赏主事，按照所学科目分部学习，经学部考验列优等赏给举人者，廷试列在二等，引见时于排单内注明，拟请旨赏给七品小京官，按照所学科目分部学习；其廷试列在三等者，引见时于排单内注明，拟请旨赏给知县分省试用。[①]

廷试奖励实官之例一开，与试者更多，光绪三十三年学部奏请限制收考游学生，虽曾规定日本高等以上学校之特设班与外人在国内设

---

① 《学部奏咨辑要》第一编。

立之大学生不能与试，但日本私立大学生却未在限制之列。而当时日本为中国学生私立之法政大学甚多，程度既低，管理更不过问，所以有许多学生名虽在学，而终年在外游荡，并且插班生甚多。日人贪图学费，即出使大臣派员查询亦密不相告；然而在资格上，他们有了毕业文凭，也可以参与留学毕业生考试学部审知其弊，乃于光绪三十四年八月奏请在日本私立法政大学毕业生之参与游学毕业生考试者，于考试之前，先考普通学大要及日文日语一场，及格后始能应试。宣统元年六月因毕业回国者更多，特订章程八项，资格文凭与考试程度均有严密之规定与检查。更改较重要者为第一、二、三、六四项：

一、考生资格

东西洋游学生应由出使大臣或游学生监督，将该生等履历、入学年月、所习专科及预定毕业年限，并有无旷课各节，预行列表报部立案，其赴部报考时，应由出使大臣或各省督抚，或各部院堂官备文咨送，出具切实考语，方准与考。东西洋游学生，如系由中学堂毕业，得有奖励后出洋者，必在外国高等以上学堂肄业三年以上，方准与考；其未由中学堂毕业出洋者，必在外国普通学堂预备一年以上，并在高等以上学堂肄业三年以上毕业者，方准与考。（在高等以上学校此校未毕业而转入他校者，不得以两校年限合计；惟学科程度相同之学校，须经出使大臣或游学生监督允准转报学部核准者，不在此例。）东西洋游学生必在大学堂及各项高等、专门学堂毕业者，方准与考。凡在外国中学堂中等程度之实业及师范学堂与中国人特设班次之学堂毕业者，均不准与考。其由为中国人特设班次之学堂肄业，转入高等学堂之第二、三年级者，或由校外生毕业编入高等学堂之三年级者，亦均不准与考。凡选科毕业生，如其所习学科，不及该学堂所定各科四分之三者（设如某学堂所定应习之学科共16种而该生所选习之学科不及12种），不准与考。

二、查验文凭

游学生赴部报考，应将毕业文凭及监督处证明书并笔记译述等项，呈明候核；其在本国学堂或外国学堂得有普通毕业文凭者，一并呈验。

三、预行甄录

游学毕业生无论有无普通学毕业文凭，均预行甄录一场，试以外国语文，并该生专科所需之普通学。（如法、政、文科之地理、历史，及格致、工科之理化、算学）其平均不及50分者，不准与正场考试；甄录未取者，准于下届再与甄录，惟以一次为限。

四、分等给奖

此项考试等级照奏定学堂章程分别最优等、优等、中等；考列最优等者，奖给进士，考列优等及中等者，奖给举人，均由学部开单奏请验看，恭候钦定。奖给进士举人者，并加某学科字样；习文科者则称文科进士举人，其法政科、商科、工科、格致科、农科、医科仿此。凡考试不及格者，准于下届再应考试，准以一次为限。[①]

宣统三年四月游学毕业生考试，获七品小京官者300余人，分配各部，拥挤不堪，于是由学部奏请改为即用知县，分发各省，七月各学堂实官奖励停止，游学毕业生廷试亦决定于第二年取消，斯年秋，

---

① 《学部奏咨辑要》第二编。

武汉事起，满清推倒，游学生之科名与实官奖励，也随满清帝国而消灭。

民国成立，一切科名均经取消，而且受教育被视为人生的义务，实官奖励制度，当然消灭。但民国四年袁世凯为大总统时，却曾考试游学毕业生一次。当时由政事堂拟订办法：先定文凭分数，在西洋头等大学及日本官立大学卒业之学士文凭80分，在日本官立大学选科私立大学本科及官立高等专门卒业者70分，在日本官立专门及私立大学之专门部卒业者60分，再根据各人所习之科目分别命题考试。与试者192人，落第者41名，共取151名，除甲乙丙三等外另有超等：计法科甲等6名，乙等9名，丙等28名；文科甲等5名，乙等3名，丙等2名；理科超等、乙等各2名；医科甲等2名，乙等、丙等各1名；农科超等2名，甲等7名，乙等6名，丙等2名；工科甲等11名，乙等10名，丙等2名；商科超等3名，甲等9名，乙等17名，丙等9名；矿科超等1名，甲等、乙等各4名，丙等3名。当时科举出身的名目虽经取消，但另有卿、大夫、士种种特殊名目，留学生考试及格之超等胡文耀等授上士，甲等许龢世等授中士，乙等刘良浔等授少士，丙等王鼎新等授同少士。袁世凯死后，此种考试亦不再举行，此种奖励亦从而终止。民国七年九月教育部公布《留日官自费生奖励章程》，奖励品为金钱，其重要规程如下：

一、勤学奖励

第一条 留日高专以上各校官费生一学年内不欠席并学年试验及第者。（25元至50元）

第二条 留日高专以上各校官费生毕业时，合计三学年不欠席者。（50元至100元）

二、成绩奖励

第三条　留日高专以上各校官费生学年试验考列最优等者。（25元至50元）

第四条　留日高专以上各校官费生毕业试验考列最优等者。（50元至100元）

第五条　准第三条及第四条之规定，凡各学校之成绩报告，如以分数为标准者，应以80分以上为最优等；以甲乙丙丁分等级者，以甲等为最优等。其余标准，得准此类推之。

第六条　留日高专以上各校自费生，有与本章程第一条及第三条之规定相符者，得给予补助费。

留日高专以上各校自费生有与本章程第二条及第四条相符者，得给予奖励金。（每年不得过300元）

此项规程所规定之奖金既少，而民国七年以来，各省留学经费均有拖欠，现在则除江苏、浙江、山西等数省留学生外，无不奔走呼号求应得之公费而不可得，奖励金亦不过徒有其名而已。

第十四章　留学思想之变迁

　　欲明近代游学思想的变迁，不可不先明派遣留学之背景。

　　梁启超以中国在千五百年前即有留学生，其事迹可考者且有百余人，[①]则派遣留学生已不自现代始。不过自唐以后，佛教官典已经翻译，宗教界的需要有相当的满足，而且也无玄奘其人含辛茹苦，万里求学，即间有赴印度求佛者，亦为宗教之祈求而非学术之探究。至于西洋因交通关系，在明以前且不会与之通往来，自说不到派员求学。

　　明正德十三年（1518）葡萄牙至上川岛经商，始与中国通往来。以后西班牙、荷兰、英、法、俄、美、德等国继之，但均只以通商为限。当时国人对于西洋各国仍本轻视蛮夷的遗训，视为不值一钱，所以乾隆时有"兵船不得入虎门，不得备武器，不得带女人，不得雇中国仆妇，不得乘舟游江上，每月惟三个人日准游花园，且须带翻译"之禁令。但卒以此种观念酿成鸦片之战（道光十八年，1838），以致一败涂地而割香港，开福州、厦门、宁波、广东、上海五口为商埠，偿军费2100万两。斯时国人对于西洋的观念渐变而有坚甲利兵，其锋

---

　　① 《千五百年前之学留生》（《改造》4卷1号）。

莫当之盛。自此而后，平定太平军曾借重外兵，对于外国之军备更多认识一层，及至英法联军入京、中日战争、义和团事变以后，割地赔款的事情日多一日，本国底弱点完全显出，外人底势力更多一番认识，而鉴于日本以数十年的维新工夫，竟能称霸东亚，与世界列强并驾齐驱，于是更知西政之能强国而努力模仿。后来派五大臣出国考察政治，对于各国物质文明有所接触而惊其华富，除军备与政治外，对于西洋的实业更有一番认识。民国而后，去国者日多，其中不乏好学深思的人，切实努力研究西方学问，而严复所译之《天演论》、《群学肄言》、《社会通诠》等书散布于国中，更使国人知西洋物质文明之外尚有精神文明，而且所谓精神文明，并不亚于老大的中国；于是国人始知西洋所有者不只是工艺的末技，并有支配工艺的社会伦理。反观我国，无一可及，便鄙弃国内一切文物而思全盘承受西洋化。自戊戌变法，辛丑图强，以至民国以来，社会上无时不鼓吹游学，政府无时不以游学为教育中之重要政策，都为这些思想所支配。明白说来，中国60年来游学的思想，可以军备、西政、西艺、西学四项包括之，简单说明如下：

此四种思想虽然互相错综，彼此不易划一显然的界线，但亦各有其最高度；大体上可分为四个时期：第一期自同治末年至光绪二十九年，第二期自光绪二十九年至三十四年，第三期自宣统元年至民国六年，第四期自民国六年至今。

鸦片战后，外患日迫，大僚以图强非设学练兵以培植译材将材不可，故京师同文馆与沪粤广方言馆设于同治初元，而曾国藩听容闳之言，于同治六年平定捻匪之后，在沪设江南制造局，并于厂旁立兵工学校。但是设局制造，开馆教习，只是图强的始基，欲收远大之效，非远适肄业、集思广益不可，所以曾与李鸿章竟采容闳之议遣派幼童赴美。他们说：

　　窃谓自斌椿、志刚、孙家榖两次奉命游历各国，于海外情形，亦已窥其要领：如舆图、算法、步天、测海、造船、制器等事，无一不与用兵相表里，凡游学他国，得有长技者，归即延入书院，分科传授，精益求精，其军政船政，直视为身心性命之学，今中国欲仿效其意而精通其法，当此风气既开，似宜亟选聪颖子弟携往外国肄业，实力讲求，以仰副我皇上作育人材力图自强之至意。[①]

　　这是他们派遣幼童出洋之目的。在他们看来，舆图、步算等项却是军事底工具，学生之当实力讲求者亦在于军政船政，这是军备思想表现之最初期，此后李鸿章、沈葆桢等于光绪初元派遣福建船厂学生去英法习制造驾驰，武弁赴德国习陆军，则更以造就军事人材为唯一的目的。李等奏派船政学生出洋肄业章程折中说：

　　窃谓西洋制造之精，实本于测算格致之学，奇才迭出，月异日新，即如造船一事，近时轮机铁胁，一变前模，船身愈坚，用煤愈省，而行驶愈速；若不前赴西厂观摩考索，终难探制作之源。至如驾驶之法，日近华员亦能自行管驾，涉历风涛；惟测量天文沙线，遇风保险等事，仍未得其深际。其驾驶铁甲兵船于大洋狂风巨浪中，布阵应敌离合变化之奇，华员皆未经见，自非目接身亲，断难窥其秘钥。

---

　　① 曾国藩等：《奏选派幼童赴美肄业办理章程》，《约章成案汇览》卷32上。

这段是总说派遣船厂学生出洋之原因。他又说：

　　查制造各厂法为最盛，而水师操练，英为最精。闽厂前堂学生本习法国语言文字，应即令赴法国官厂学习制造，务令通船新式轮机器具无一不能自制，方为成效。后堂学生本习英国语言文字，应即令赴英国水师大学堂及铁甲兵船学习驾驶，务令精通该国水师兵法，能自驾铁船于大洋操战，方为成效。[①]

这是说何以派遣学生去法国习制造、赴英习驾驶之原因与目的。关于派遣武弁赴德的原因与目的，他在光绪二年三月二十六日奏派卞长胜等七人赴德学习片中说：

　　筹布海防，迭经筹款，定购西洋新式后膛枪炮，分发各营督饬操练，并转托德国克鹿卜炮厂代雇德国都司李劢协来津订立合同议明三年为期，教习克鹿卜后膛钢炮……现届期满销差回国……商令李劢协带同花翎游击卞长胜等七人赴该国武院讲习水陆军械技艺，俟学成回华再分拨各营教练，以期渐开风气。……窃惟外交之道与自固之谋相为表里，德国近年发奋为雄，其军政修明，船械精利，实与英俄各邦并峙……该国素敦友谊，亟应及时联络，师彼长技，助我军谋。[②]

以后江南、湖北各省于光绪二十一年以后，派遣学生入日本成

---

① 李鸿章：《选派船政生徒出洋肄业章程折》，《约章成案汇览》卷32上。
② 李鸿章：《选华弁出洋习艺并洋弁给奖片》，同上卷32下。

城及振武学校，与练兵处奏选陆军学生分班去日习陆军，均为此种思想所支配。而光绪二十八年袁世凯奏派学生去日肄业片中讲得更为明白。他说：

> 当今时局以讲求武备为先，整顿戎行以遴选将才为急……查欧美东洋各国于行军练士之法悉心考究，日新月异而岁不同，故能迭为长雄，潜消外侮。今中国兵制徒守湘淮成规，间有改习洋操，大抵袭其皮毛，未能得其奥妙，欲求因时制宜以收折冲之效，自非派员出洋肄习不为功。[①]

在此军备思想中，欧洲各国军备之首被国人重视者为英、法、德三国，其次为日本，而日本以地近费轻之故，去者特多，影响于中国军事者亦最大。派遣赴美之幼童虽目的在养成军事人材，但因年幼学浅，去美初期完全为预备性质，故不曾专习军事，与后来派赴英法德日之学生不同。而且光绪二十九年以前，虽不时派遣学生出洋肄业，但都系因时制宜的偶然计划，并非国家底正式政策。

甲午之战，国家弱点更形暴露，乃更因日本变法之强而认识西政之重要，张之洞《劝学篇》中论游学说：

> 日本小国耳！何兴之暴也？伊藤、山县、榎本、陆奥诸人皆二十年前出洋之学生也。愤其国为西洋所胁，率其徒百余人，分诣德、法、英诸国，或学政治工商，或学水陆兵法，学成而归，用为将相，政事一变，雄视东方。不特此也，俄之前主大彼得，愤彼国之不强，亲到英吉利、荷兰两

---

① 《约章成案汇览》卷32下。

国船厂，为工役十余年，尽得其水师轮机驾驶之法，并学其各厂制造，归国之后，诸事丕变，今日遂为四海第一大国。不特此也，暹罗久为法国涎伺，于光绪二十年与法有衅，行将吞并矣；暹王感愤，国内毅然变法，一切更始，遣其世子游英国学水师，去年暹王游欧洲，驾火船出红海来迎者即其学成之世子也；暹王亦自通西文西学，各国敬礼有加，暹罗遂以不亡。上为俄，中为日本，下为暹罗，中国独不能比其中者乎。

这是他极力描写俄、日、暹之强由于变法，而变法的人才要出洋游学养成，所以他与刘坤一覆议新政第三折胪举采用西法次第11条，以广派游历列第一，而且明认西方政体学术为研究经验之结果，值得仿效。他们说：

> 方今环球各国日新月盛，大者兼擅富强，次者亦不至贫弱，究其政体学术，大率皆累数百年之研究，经数千百人之修改，成效既彰，转相仿效，美洲则采之欧洲，东洋复采之西洋，此如药有经验之方剂，路有熟游之途径，正可相我病证，以为服药之重轻，度我筋力以为行程之迟速，盖无有便于此者。……今日育才强国之道，自以多派士人出洋游历为第一义；惟游学费繁年久，其数不能过多，且有年齿较长不能入学堂者，有已轻出仕不愿入学堂者。欲求急救之方，惟有广派游历之一法。观其国势，考其政事学术，察其与我国关涉之大端，与各国离合之情事，回华后将其身经目睹

者，告语亲知，展转传说，自然群迷顿觉，急思变计。[①]

这是他们对于西方政治的认识。以后预备立宪，一切新政同时举行，需人甚急，而赴日之大批留学生以习速成法政与师范者为最多，而不及其他各种实业，即由此种西政的思想所支配。

国人对于西艺之认识较西政尤早，但因时势不需要，遂致发展反后于西政。光绪二十五年上谕出洋学生肄业实学说：

> 向来出洋学生学习水陆武备外，大抵专意语言文字，其余各种学问，均未能涉及。即如农、工、商、矿务等项，泰西各国讲求有素，夙擅专长，中国风气未开，绝少精于各种学问之人。嗣后出洋学生，应如何分入各国农、工、商等各学堂，专门肄业以备回华传授。

总理衙门覆议章程更明白说：

> 英德有农政公会，美国有农政书院，最为讲求耕垦收获之务，近日英之爱尔兰，新立劝农劝工章程，至商矿学堂，各国多有之，其名物器具象数之繁，分门记载，各有专书，非精通西文翻译，无由入门而悉其体用利病，历派出洋学生，每届三年回华，为时既暂，诚有如圣谕专攻语言文字，肄习水陆武备而于各国农、工、商务矿务未有专门精肄回华传授者，诚宜变通出洋肄业章程，使各就其才性之所近，分门研究，以收布帛菽粟兴物前民之用，以殖民生而裨

---

① 《变法自强奏议》卷18。

国计，非此不能为之椎轮嚆矢也。^①

不过当时不曾派遣学生去西洋，而拳匪之乱便已发生。辛丑和议，受创过深，举国均急急于变法自强，而变法要首从政治做起，所以政治人才之需要更切，工艺问题也便淡然忘之，西艺思想也为西政所遏。光绪二十九年而后，留学生日多，渐有供过于求之势，而工艺之不发达如故，于是工艺思想又复发现。光绪三十三年与日本特约五校即趋重实业，三十四年七月，御史俾寿奏请选派学生赴各国习工艺，学部与农工商部邮传部会奏于斯年起，以后所有出洋学生均令习实业，并限制自费生，非入高等以上学堂习农工格致者不给官费。此实留学史之一大变迁，兹录其原奏之重要者如下：

> ……臣等窃维造就人才，必因乎时势，欲救贫弱，在图富强，欲图富强，在重实业。从前臣之洞会同前学务大臣奏陈重订学堂章程折内，即声明国民生计，莫要于农工商实业，趣办实业学堂，有百利而无一弊，最宜注重等语。频年以来，农工商部于京师设立高等实业学堂，邮传部于上海设立高等实业学堂，唐山设立路矿学堂，盖冀人才之日出，而图实业之振兴。臣等夙夜孜孜，已非一日。惟此种专门之学，皆以普通学为始基，非先于普通之算学、理化、博物、图书等已具根底者，不能得门而入。近来各省派往东西洋之游学生亦已不少，然以未经中学堂毕业，普通学不完备，出洋以后，见夫法政等科可不必习普通学而躐等以进，于是避难就易，纷纷请习法政，以致实业人才愈见其少。今

---

① 《约章成案汇览》卷32下。

该御史所奏工艺为富强之要图，选派子弟，分送东西洋，使专一艺，洵为扼要之论。拟如所请，自本年为始，嗣后京师及各省中学堂以上毕业之学生，择其普通学完备外国语能直接听讲者，酌送出洋学习实业；并令此后凡官费出洋学生，概学习农工格致各项专科，不得改习他科。又以前自费出洋之学生，非入高等以上学堂学习农工格致三科者，不得改给官费，其认习实业已给官费之学生，亦不准中途改习他科。如此量为限制，庶几实业人才可以日出，而富强之效可睹矣。①

此后自费生虽无一定限制，但官费生则照此奏议办理。即宣统元年"美国退还庚子赔款派遣留美学生，亦限定以十分之八习农工商矿等科，以十分之二习法政理财师范诸学"。此案定后，民国承之。民国五年东西洋官费生留学之科别统计，理工学生占83%，文法科学生只17%，可知习理工者之多。惟自费生无一定限制，不能据此以为断而已。

民国初成立时，除留学监督有所更改而外，方针固无何种变更。民国五年，教育部公布选派留学生规程即打破此种限制，而泛指外国学术技艺。其时社会上之一部分人如曾经留法多年之李煜瀛、吴敬恒极力提倡留学，以为"欲输世界文明于国内，必以留学泰西为要图……共和初立，欲造成新社会、新国民，更非留学莫济"。②特创《留法俭学会》鼓吹国人去法留学。欧战发生，法国招募华工，他们更主张移家就学；而当时国内学者如陈独秀创办《新青年》杂志，对

---

① 《学部奏咨辑要》第一编。
② 《留法俭学会缘起》（见第八章）。

于中国旧礼教、旧文学极力破坏，对于西洋思想、道德与文艺极力迎受，浸假社会受其影响，国中固有习尚日渐动摇，对于西洋化之要求日渐迫切，五四而后，英美学者如杜威、罗素等来华讲演，社会上更有一种激动，于是"一切文物，西洋皆好，中国皆坏"几成为国人自命为明达者之普通观念，遂致西洋留学生骤增。此时国人对于西洋之认识，不只军备、政治与工艺而已，其他一切学术均被重视。此思想可以吴稚晖之言论为代表。他于民国六年主张移家就学，其最重要之理由如下：

假如我国近时受美人卫西琴氏《新教育论》之影响，致年来教育部遣派学生取限制主义。卫氏所谓："必须成年之人，年在25岁以上，曾于本国受有完全教育者，始可出洋留学；盖留学目的，端在极深研究，或特别调查，彼英、德、法、美诸国学子之互相游学，莫不如是。"此与日本派遣留学，限定卒业大学，曾任助教，且限额50余人，其旨趣合。然吾不必多下断语，即以卫氏"英、德、法、美诸国莫不如是"一语反诘之，中国今日之国情，及学界之程度，得比英乎法乎美乎？即退一步言之，得比日本乎？当无不以为甚滑稽者也。卫氏之《新教育论》，趋重力役，吾五体投地崇拜之。至于所论派遣留学法，若作为教育部方面挑选出洋学生时之鹄的，于此一部分，亦至为切当；年来成年而受过比较完全教育之人，日多一日，教育部取其仅少之学额，多选此等人，自亦在情理之中。若卫氏又谓"采取彼之方法，则派遣学生出洋留学之举，直无所用"，此实谬说。……终之吾敢为大前提而断言者：

今之新教育，皆有觉悟，当趋重力役。

　　即力役之教育而论，是世界的，非一国的。

　　力役之知识，是世界的，故交通愈广博，而成就者愈多。

　　我国力役之教育，既已发达，尚不可忽于交通，当其未发达，尤应多设交通之法，促此教育而进之。

　　移家就学亦为交通诸法内之一种。

他主张移家就学的理由说：

　　今日中国之所缺者，学校教育，与所谓力役教育内之高等能力，皆知出国而求之矣。其实与人类相关之事物，有待乎增进知识，逐一改良者，实为千端万绪，非仅讲学之一事，必事事能多换知识于世界，而后适宜于时势之俗尚，乃得优存于人群。移家之事，取吾一部分人之家庭生活，生活于世界改良之城邑；取吾一部人之起居习惯，习惯于世界进取之社会。即无子弟就学问题，已觉移家之重要。况就子弟就学而论，我国学技之骤难完备，尤于高等力役之能力，一时决不能取诸宫中而足，而又因社会上四围现状之无所补助，故即在学校中成绩最优之子弟，往往不比于留学普通毕业之学生。（所谓普通毕业学生者，乃指实地学习，特成绩非优者耳；决非指顶一留学招牌之"面筋学生"也。）即因一则于学校外无闻见，一则闻见于学校之外者甚多耳。①

民国十二年，因张嘉森在清华学校讲演人生观，发生科学与玄学

---

① 《新青年》4卷2号。

的论战，引起东西文化优劣的激辩。吴作长六万言的长文一篇，题为
《一个新信仰的宇宙观及人生观》，更主张全盘承受西方文化。[①]在
这文内他虽不明白提倡游学，但他与其他同信西洋文化如周作人、钱
玄同等之根本思想却在此表现。勤工俭学事失败后，里昂中法大学仍
继续进行，与他这种全盘承受西洋化的思想不无关系。

　　以上为提倡游学者思想变迁的概况。

　　在此思想变迁的过程中，有两事我们当特别注意者：1.国人对于
东西洋学生观感之差异；2.科举思想之遗毒。国人对于东西洋学生观
感之差异点有二：一、为重视西洋学生；二、为以西洋语言困难而主
张派遣不明国情之幼童。最初派遣幼童赴美，其政策算已失败；然而
光绪二十九年以后，国人对于西洋情形无适当之了解，对于西洋学生
之派遣仍主张年幼者。光绪三十年外务部与学部奏订《西洋游学简明
章程》即规定年十四五、心地明白、文理晓畅者……从语文入手，勿
以年长充数；同时并将语言与学问混为一谈，所以他们又说通西文者
三年五年即可学成致用。清华学校设立，招收15岁以下之儿童入校受
纯美国式之预备教育，亦为此种谬误思想所支配。因此东洋学生以漫
无限制、流品太杂而无成效，西洋学生则以年幼不明国情而无成效。
西洋学生因不明国情之故，其贡献未必优于东洋学生，更未见得人人
优于东洋学生，然而因为费重道远之故，社会上总存有西洋一等，东
洋二等，本国三等的偏见。不独从前考试留学生官，"留学欧美者多
列优等，留学日本者大率中等"，[②]即现在各公司之待遇（如商务印
书馆）及各学校之用人，亦显然以东西洋与本国为区别。结果遂致留
学为干进谋利之工具，而真才反因以泯灭。此种差别，实亦派幼童赴

_____

① 　《太平洋》4卷5号。

② 　见《罗振常论考试留学生之宜注意》文中（《教育世界》第118期）。

美与因费重道远重奖西洋留学生的历史所构成。

辛丑而后，国人图强之心切，但科举在中国已有长久的历史，科名观念一时无从打破，政府遂不得不以科举的方法奖励游学生，于是游学成为一种工具，学生出国之动机并不在求学，而在藉此龙门以抬高身价。民国而后，科名的奖励虽经取消，而社会上对于留学生与留学生之自视，亦俨然以留学为一种变相的科举。留学生既为此种不正当之动机所驱使，所以在国外不专心于学业，回国不努力于事业，因果循环，遂构成今日留学界虚浮骄纵、无济于世之恶果。此则科举思想的遗害而一时难于除去者。

第十五章 结论

——历史告诉我们的留学问题

　　以上十四章叙述60年来留学底史实，虽然因种种限制不能将关于留学的一切材料收罗无遗，但60年来留学底重要事实却大概为有根据的记述，本章即从事实上分留学生成绩、留学问题之因果、今后的途径三项论留学问题以为本书的结论。

甲　留学生成绩

　　近来因为留学生有许多不满人意的事实示人，社会对于留学生的观感大变，责难日多，激烈者并以为留学教育足以亡国，因而将留学生之贡献亦一笔抹杀。实则留学生也和其他学校学生一样，有卖国者，也有救国者；对于学术文化有摧残者，也有贡献者；不过就其总和之数是说，瑜不掩瑕，遂致一般人不重视其优点而责难其劣点。我们却当分别观察之。

　　戊戌以后的中国政治，无时不与留学生发生关系，尤以军事、外交、教育为甚：现在执军权之军人，十之七八可从日本士官学校丙午同学录与振武学校一览（光绪三十三年）中求得其姓名，军阀如此横行，留日陆军学生自应负重大责任，而曹、陆、章之卖国，更为国人所嫉视。其他如外交则完全为留学生所主持，高等教育界之人员亦十分之九以上（据民国十四年东南大学、北京师大同学录）为留学生，全国重要事业无不有留学生在其中。20年来国势日趋日下，无论教育、外交，几无一事可以使国人满足，国人对于留学生之不满，自系不可避免的事实。然而留学生在近世中国文化上确有不可磨灭的贡献。最大者为科学，次为文学，次为哲学。

中国文化的历史虽然最长，但科学的研究则素所缺乏，自科举取士以后，所谓士人几完全将其生活消磨于辞章八股之中，更无所谓科学。鸦片战后，国人虽怵于外患而思自强，但并无科学的观念，不过泛言洋务而已。曾国藩派遣幼童赴美，即曾言及数理，李鸿章派闽厂学生去英法，更可随意肄业矿学、化学；光绪二十九年而后，去日之学生虽多学习政法、师范，但编辑理科讲义却能介绍初步的科学知识于国人。民国三年西洋留学生更组织科学社，一意从事科学之研究，发行《科学》杂志，编订专门名词，设科学图书馆及生物所于南京；民国五年，留日学生发起丙辰学社（现改为中华学艺社）发刊《学艺杂志》，其内容之大部分专论科学；此外政府于民国五年设立地质调查所，亦为留学英国之丁文江所主持，而有相当的成绩；个人研究科学有得为世界科学者所重视的如王宠佑之于锑，丁文江之于扬子江下流地质，均于自然科学有较大的贡献。高等以上学校之科学教师，更无一非留学生，现在国内学校科学教师，科学用品与科学教科书者，亦莫不由留学生间接直接传衍而来。此为留学生成绩之最显著者。我们固不能说其全无贡献。

近50年来，中国文学上最大的变迁为时文与白话文：时文创于梁启超之《新民丛报》，文体务"平易畅达，时杂以俚语、韵语，及外国语法"。梁虽非纯粹的留学生，但他所谓外国语法却是从日本得来，而辛丑以后的时文大盛，留日学生之传播也有很大势力，不过不能完全视为留学生底成绩而已。以后章士钊创办《甲寅杂志》，文体注重理论，注重文法，在政论别开生面，且影响于当时以至于现在作者不少，章固留学生，其同派高一涵、李大钊、李剑农等也是留学生。至于白话之创兴，大家都知由于留学美国先习农科，后习文学哲学的胡适，即从旁鼓吹与身体力行十年如一日之陈独秀、周作人、周树人（鲁迅）等也都是留英留日的学生。此外著《马氏文通》之马建忠，将中国文法为严密的分析，绎出条理与西文并举，亦是文学上之一种重要创作，然而马氏就是最早的留法学生。

中国学术素以哲学著称，国内学者亦以哲学自豪，但中国底哲学重直观与西洋之重经验者异其趋向，近年来始有用科学方法整理国故者，而介绍西洋哲学于中国者首推严复。他首到英国学海军，擅长数学，但又治论理学、进化论，兼涉社会、法律、经济等学，所以对于哲学也有相当的造诣。他首先译赫胥黎底《天演论》（Huxley: *Evolution and Ethics and other Essays*），文辞既谨严流利，又旁引博征，为案语以发挥其意蕴，所以此书在社会上的影响最大："物竞天择，优胜劣败"，几成社会上一般人底口头禅，而图强的行动亦无形间受其影响。其他如斯宾塞尔底《群学肄言》（Spencer: *The Study of Sociology*）、穆勒底《群己权界》（J.S.Mill: *On Liberty*）、《穆勒名学》（Mill: *A System of Logic*）等书都在社会有相当的影响，国人对于西洋哲学、经济、社会学等得窥其一脔，而不为"西方之学技艺而已"之固蔽思想所囿，实严氏底功劳。这也是留学生对于中国文化之一大贡献——他所译各书，除书底本质外，即在文学上亦有特创而有不可泯灭的地位。此外法国留学生专治生物学的李煜瀛，于光绪三十一年与友人在法国巴黎发行《新世纪》杂志，译拉马克

（Lamark）与克鲁巴特金（Kropotkin）底著作，提倡互助学说，国人至今犹有多受其影响者，亦不可不谓之一种贡献。

其他如詹天佑之造京绥铁路，刘庆恩之发明新式快枪，蔡锷之反抗帝制，均系彰彰在人耳目的事实，我们固不能说留学生对于中国无重大贡献也。

乙 留学问题之因果

I.留学生被责难的原因

近年来报纸杂志中，不时发见关系留学生问题的文章，各人对此的意见虽不尽相同，但大体可以"不满意"三字总括之。留学生固亦有其相当的成绩，何以国人对于他们不满意？此问题之发生决非偶然，我们从历史上看来，可得下列几种原因。

1.留学生为一种特殊坐食阶级　中国人民素分士农工商四级，士者又素有食人、治人的特权，留学生又为士中之最高级，故其特权更大。从前的读书人（士）虽然享食人治人的特权，但社会上之旧道德观念未打破，被治者固袭数千年传下之遗训而认"士"有权治人，治者亦本正己以正人的格言处事，不敢过分蹂躏平民。海通而后，国内社会习尚固因各国相互的影响而有变更，留学生习于外国工业社会的功利观，律己不如往昔的士人，而最初政府派遣学生以利禄为饵（实官奖励），学生之出国亦以求学为工具，功名为目的；所以回国而后，一面不安小就做他分内应作而能做的事情，他一面便思挽揽大权以遂其功名之欲。幸而获售，则尽量发舒其权力欲以求统治一切，在权力欲之发展中，自然难免有对人对事过分的地方，引起国人底嫉视自是常事；不售，亦因物质欲望太高而思谋不费力的安舒生活——如习工艺者之作官等——用非所学，自难服人，于是便常引起国人之轻视。然而留学生在前清曾为国人特别重视过，数十年来均系过特殊阶级的生活，即在现在，出国者亦最大多数不能逃以求学为工具的范围，回国后要他们辱身降志，做分内应作的事，自然不大愿意，因而不安分的希冀愈多，堕落的机会亦愈多，国人对他们不满的感情亦愈大。此国人对于留学生不满的第一种原因。

2.留学生外国化　无论何人，对于某事或某人了解得多一点也就容易受其影响，留学生对于留学国各种事物之重视，自属人情之常；而且在现在的中国，要谋各方面的改革，均有不可不采外国成规之势，留学生主张采用其留学国之制度风尚亦不能厚非。不过一国有立国的精神，外国成规终只能居于参考地位而不能无条件接收。要能本国情以为选择，第一要深明本国情形，第二要深明外国情形，而中国首先派遣留学生时即不曾注意及此，西洋留学生承其遗风，至今尚有不识中文且不能中语者，还说明白国情。这些人为生活便利计，本以终老外国为宜；一旦勉强回国，自然无法改变其生活。日本留学生大概对于中国情形较多了解，但日本变法系以西洋为师，间接传授，对于西洋亦难有真切的了解，有所主张，还是少切国情的死形式。加以光绪二十九年以后之大批派遣学生留学，原为外力所逼，当时因国家连受外力之压迫，无法自伸，国人对外国之一切，几均视为天经地义，留学生为炫异谋位计，亦不得不带几分洋化。然而小农立国的中国社会情形，固与西洋各国及日本之工商业立国特异，留学生之种种外国化，当时虽少人倡言反对，不满足之念却不因不发舒而消灭。近来外力愈迫，民智渐开，国人一面自觉本国立国精神不可丧失，外国文物不尽合用，而对于外人底压力则反感愈深。留学生之外国化也自然成为众矢之的了。这是留学生使人不满之第二种原因。

3.留学生植党揽事　当初大批派遣留学生时，原为国内各种事业需人治理，惟因以奖励实官为手段，遂开悻进之门。自此而后，回国学生日多，社会事业不能与留学生人数成正比例发展，于是有渐有人浮于事之倾向，留学生为社会地位及生活上的种种问题，不能不植党以谋生活上之安全，遂致留日学生与留学西洋者相倾轧，相排挤；人数愈多，事业不发展如故，各国留学生互相倾轧，排挤之风蔓延及于同国乃至于同校之留学生，竟至美国学生有秘密组织的兄弟会等，以为回国包揽事业的根据。各国留学生为生活问题引朋呼类，排斥异己，固足使人不满，加之其成绩并不优于非留学生，甚至远不及非留学生，社会上对他们不满的感情也随之而来。这是留学生引人不满之第三因。

Ⅱ.目前的留学问题

1.留学宗旨　60年来的留学政策可以说是无宗旨的政策：初次派遣学生赴美，取16岁以下的儿童使之在国外学习15年而后归国，方法已极拙劣，而派遣时并无一定目的，既不问国内需要如何，也不规定学生应习的科目，完全为一种盲目的举动而已，以后闽厂学生出国较有目的，但为数甚少，实际上无何种重大影响。光绪二十九年以后，举国以派遣留学生为要图，但始终无人能确切说明为什么要这样大批地派遣，更无人将此政策为全盘的筹算，预计其结果如何。光绪三十四年以后，留东学生那样拥挤，政府对于留学政策还不抛弃，仍与日本五校订立15年的特约，并且因投考学生不足而拟在国内设预备学校；民国五年十月教育部发布选派留学外国学生规程，规定教育总长认为必要时得就大学教授，专门学校毕业生中选人员赴外国研究必须留学之学术技艺，表面上似有所变更，实际则更为糊涂：照该规程规定所谓教育总长认为必要，既不是根据实际调查，亦不是本诸人民要求，乃是依照成案照例办理；①不独派遣学生不能适合社会需要，即留学政策亦不曾有丝毫更张。至于自费生则最大多数为虚荣心与利禄心所驱使，更少有确定的目的。所以60年来大家主张派遣留学生；但只是派遣而已，派遣以后之计划如何，被派遣者之志愿如何，都无人过问。故60年来之留学政策只是一种因袭政策：就是当初容闳在美国多年，觉得美国底文物制度胜于中国，中国有派人留学之必要而建议留学，以后大家以为从前既经派遣许多人出国留学，现在也应当派遣这许多学生留学；留学者则以从前之留学生既在社会上占优越的地位，现在要占优越地位也只有出于留学之一途。这样地陈陈相因，留学事业便数十年如一日；照现在情形，也许数百年后还是如此。可是从中国留学生底成绩与现在的国势看来，恐怕这样地再过60年，留学生充满了中国，中国或真如论者所言中而为留学生亡了也未可知。这是值得我们特别注意的第一个问题。

2.派遣方法　此问题较为复杂，有派遣机关、学生资格、考试方法、名额分配、学科分配诸事，兹分项述之。

派遣机关　初期派遣学生出洋只有要派遣之机关考选，一切规章亦由该机关规定，无统一办法。光绪二十九年而后，学务处及学部成立，派遣学生仍由各省督抚办理，不过将其已录之学生咨报备案而已。民国五年教育部公布《选派留学生规程》，以各省为初试机关，教部为最终决定机关，名义上似以教育部为统一机关，但实际上名额仍由各省支配。故民国十三年江苏竟因"历届部试派遣向无特定目的，各省所习，往往与本省需要科目不能相应"，②而与教育部争考

---

① 该规程第三条第二项说："教育部议定前项应派名数，即以民国三年六月以后各省咨报教育部有案之核定留学名额为范围。"

② 《中华教育界》14卷4期。

试权，教育部却无法反驳。为政权统一计，自以完全由教育部派遣为好，然而各省需要不同，由教育部选派，既恐不能适合需要，徒然一试，于事实上亦无何种裨益，而况自费生并不须经过考试。但由各省直接考送，又恐为省内势力之子弟包揽。此派遣方法中之第一问题。

学生资格　初遣学生出洋，资格并无规定，只派遣者认为可遣即遣。光绪三十二年以后，因去日学生流品太杂，始有非中学毕业生不给咨之规定。民国五年之《选派留学生章程》，虽经规定官费生为大学及专门学校教授与国内外大学及专门学校毕业生，但自费生则只以中学毕业为主要资格，其次为服务教育二年以上（十三年规程）及中等学校教员（三年规程）。自费生底资格，论者固以为太低，官费生资格，亦有人发生疑问：因为留学目的在学习本国不能学习的学术技艺；学术研究或可谓为大学教授等底职务，而技艺的练习则非具实际经验者不可；留学生只以大学教授等为限，实业界专门人才又何以养成？而且留学生之派遣在能截取他人之长，改进本国学术与技能，则被派遣之学生最少也应明了本国社会情形，然后学可致用。国内外大学及专门学校学生毕业后即直接出国，在效力上不免发生问题（清华学生之留国运动，即其显证），则教育部选派留学生规程第一条之第三、四、五三项实有商量之余地。就学术研究言，更有未曾留学及未曾为教授之人而有很深的造诣；必限以某种学校毕业及教授，真才泯灭，亦是常事。这是派遣方法中之第二问题。

考试方法　最初派遣留学生因风气不开，无所谓考试，只要年龄相当、身体强健而愿意远离乡井者均可获选。后来学生渐多，渐有考试，然在前清除日本五校特约生须在日各校受竞争试验外，其他留学生或由各省选送或予以相当的试验；但限制并不严厉，各省亦无统一办法。民国五年《选派外国留学生规程》发布以后，始有严密的规定。照该规程所定，留学生考试分第一试及第二试：第一试由各省行政长官行之，考试科目为国文、外国文，第二试由教育部主持，考试科目为国文及外国文论说、科学条对、口试。但大学及专门学校二年以上之教授与留学国外大学专门学校毕业生得免试验之全部或一部。考试科目固有问题，免试更有人怀疑：因为语言文字为研究学术之工具，其本身不是学术，第一试只以语言文字为限，很难知受试者对于专考之科学程度如何；第二试虽有科学条对，但不怕第一试时之优于文字者掩没科学有得的人吗？至于某种资格可以免试，在理论上亦未尝不可通，可是现在国内的大学滥设，国外的留学生滥派，能保所谓教授与国外大学专门毕业生之语言文字不精通，科学无专长，国情不了解吗？这是派遣方法中之第三问题。

名额分配　光绪二十九年而后，中国留学生以赴日者为最多，现在仍然如故。而自清华成立后，赴美学生亦特多，其数虽不及日生，但在美国之外国学生中却占第一位，且占97国籍留学美国学生总数的20.79%。[①]再从各省官费生定额及民国十年至十四年之出国学生统计看来更可知各国学额之不平均。

---

① 华盛顿通信云：各国学生赴美研究高等科学者共计1462名，中国学生占最多数，有328名，居全额25%。英吉利、苏格兰、威尔士次之，共221人。德国又次之，为120名。日本学生62名，高丽学生21名。余为各国之学生。又据最近之户口册，去岁在美国各校读书之各国学生共计7510人，内有女生958名。国籍共有97，远东各国学生共3498名：中国1561名，日本、（中国）台湾796名，菲律宾680名，高丽224名，印度、锡兰、缅甸、阿富汗共237名，檀香山118名。欧洲学生共1889人：俄国433人，英国338人，法国128人，捷克斯拉夫48人，汝掏斯拉维亚21人，匈牙利40人。南美洲学生共559人：墨西哥201人，巴西47人。非洲学生共135人，西印度群岛学生共421人。近东216人。加拿大737人，澳斯达拉57人。（《新教育评论》第1卷23期）

第二表　省费留学生定额表①

省别	留欧美定额	百分比	等第	留日定额	百分比	等第
直隶	12	3.78	12	38	3.54	12
山东	15	4.72	11	62	5.77	8
山西	12	3.78	13	36	3.34	13
河南	21	6.61	7	14	1.31	19
陕西	8	2.52	17	60	5.58	9
甘肃	1	0.31	19	6	0.56	20
江苏	25	7.86	3	60	5.58	10
浙江	20	6.20	8	120	11.15	1
江两	21	6.60	6	93	8.65	3
湖北	22	6.92	5	71	6.60	7
湖南	25	7.86	4	96	8.93	2
福建	10	3.12	15	60	5.58	11
安徽	12	3.78	14	19	1.77	17
广东	30	9.44	2	81	7.53	5
广西	3	0.94	18	15	1.39	18
四川	17	5.35	9	87	8.09	4
云南	17	5.35	10	27	2.51	15
贵州	0	0		22	2.05	16
奉天	38	11.92	1	72	6.70	6
吉林	9	2.83	16	35	3.26	14
黑龙江	0	0		1	0.09	21
总计	318	22.65		1075	77.35	
	1393					

---

① 此表以陈启天：《留学教育宗旨与政策》文中之统计为根据，另加百分比及等第两项。

第三表　民国十年至十四年欧美留学生籍贯及所适国别表①

籍贯	民国十年			民国十一年				民国十二年					民国十三年					民国十四年								总计	百分比	等第
	美	法	德	美	英	法	德	美	英	法	德	比	美	英	法	德	比	美	英	法	德	奥	菲	比	澳洲			
江苏	31	4		35	3	1	15	55	1	3			29	1	8	2	2	23	1	6	2	2		2		221	18.60	2
浙江	11	3	2	17		1	18	25	2	2	2		13		1	2		6	1	4				1	1	107	9.03	3
广东	8			21			5	11	1				4		3			22		9			1		1	86	7.23	4
安徽	7	2	2	9			8	6		1	1		6	5	6			4	4	4			1			62	5.22	5
福建	5		1	9		1	5	10					12					10	2					1		57	4.80	6
四川	5			8			18	10	2	2	2	1	1					1		7						55	4.63	7
湖北	6			11	3		1	13				1	2	5	1			1		1						44	2.71	8
湖南	3	1		6			8	2		1			4	1	6		1	2		5			1			40	3.37	9
直隶	3			14		1	1	15					3		1			2		1						40	3.37	10
江西	3	1		13				6					5		1	1		2								32	2.67	11
山东	6			12		1	1	5					3	1		1			1							29	2.44	12
河南	2			6			1	6		1			5	1				1								23	1.94	13

①此表以环球学生会《民国十五年特刊》之调查录为根据,但数目与该刊所载者不符,因实际查对,该刊表中所列之数有错误也。该刊原有日生9人,此表未列入:因该会之调查以由该会经理出国事务者为限,留日无须护照,故去该会者少,因而五年中只有9人,实际绝不只此数。欧美各国留学生,大概须经该会照料,该刊虽非正式机关发表的调查,但大致当可靠,故据以统计。

续表

籍贯＼留学国＼年	民国十年			民国十一年				民国十二年				民国十三年					民国十四年								总计	百分比	等第
	美	法	德	美	英	法	德	美	英	法	德	美	英	法	德	比	美	英	法	德	奥	菲	比	澳洲			
山西	5						3	2				2					1								13	1.19	14
奉天			2	2			1	3										2	1	1					12	1.01	15
贵州	1			3				3				2					1		1						11	0.92	16
广西				1			1	1				1							1						5	0.42	17
甘肃				2								2	1												5	0.42	18
陕西				2			2																		4	0.33	19
云南				2				2																	4	0.33	20
吉林				3								1													4	0.33	21
新疆								1																	1	0.08	22
台湾								1																	1	0.08	23
绥远																		1							1	0.08	24
察哈尔																								1	1	0.08	25
未详	69			13	3			15	1			118	3	3	7	3	97	2	4						331	27.93	
全国总数	165	8	8	187	3	3	88	193	1	5	13	209	12	31	15	3	180	13	42	3	2	3	1	1	1189	100.00	
全年总数	181			281				212				270					245										

第四表　民国十年至十四年欧美官费生国别等第表

国别	年 别					总计	百分比	等第
	十年	十一年	十二年	十三年	十四年			
美	165	187	193	209	180	934	78.63	1
英	0	3	1	12	13	29	2.44	4
法	8	3	5	31	42	89	7.50	3
德	8	88	13	15	3	127	10.69	2
奥	0	0	0	0	2	2	0.17	7
比	0	0	0	3	1	4	0.33	5
菲	0	0	0	0	0	3	0.25	6
澳洲	0	0	0	0	1		0.08	8
总计	181	281	212	270	245	1189	100.00	
百分比	15.23	23.35	18.02	22.79	20.61	100.00		
等第	5	1	4	2	3			

从上三表看来，使我们最注目者两事：第一全国出洋学生特别丛集于日本及美国，第二江苏及浙江之留学生特别趋重于美、日两国，就第二第四表所载，留学欧美及日本学生2582人，日本学生1075人，占41.51%，美国生934人占33.85%，合之占75.36%，为其余各国留学生总数之三倍强，再按第十一章所举之官自费留学约计总数7200名，日美两国学生占5487人，亦占76%强。此两国学生如此之多，是否不蹈教育部停送留美学生公文（见第七章）中所说"潜植一国之精神势力"的弊端？其次就第三表之五年出国欧美留学生总数看来，江苏学生占18.60%，已超该省应有之比例率15.51%（前表籍贯连未详共26项，均之为3.85%），而该省五年去欧美之留学生221人，去美国者竟173人，为全数79%强，为各表任何比例率之最大数。浙江五年中留美学生占67%强，亦为畸形，不过稍次于江苏而已；而照第二表，浙江留日官费生120名，占11.15%，亦超过该省应有之比例率6.39%（该

表省费共21项，均之为4.76%）。而该省留日学额占国外留学总额的87%弱，亦为各表任何比例率之最大数。此辈留学日美之学生回国后固有特殊的地位，社会上各种事业受其影响甚大，而其他各省——尤其是内地——又大概步武江浙，江浙文化而日美化，与全国日美化相去或者不很大远。这是派遣方法之第四问题——而且是最大的问题。

学科分配　学科分配也是很重要的问题，兹先录统计表两种如下：

第五表　民国十年至十四年欧洲官费生学习科目表

年＼科学	民国十年	民国十一年	民国十二年	民国十三年	民国十四年	各科总数	百分比	等第
哲学	1	2	2	4	2	11	0.93	12
宗教	2	1	2	2		7	0.59	13
心理学		1		2	3	6	0.50	15
社会科	3	5	4	5	2	19	1.61	11
法政经济	21	29	33	57	45	185	15.56	3
教育	10	20	14	6	8	58	4.80	6
文科	2	2	8	7	11	30	3.51	9
新闻学	2	3	1		1	7	0.59	14
图书馆学				1		1	0.08	17
理科	8	16	18	34	23	99	8.32	5
工科	44	45	47	57	44	237	19.93	2
农科	8	4	12	11	15	50	4.12	8
商科	27	21	17	11	24	100	8.43	4
医科	13	10	10	11	9	53	4.36	7
外交			2			2	0.17	16
军事	10	3	2		10	25	2.11	10
艺术	3	1	5	17	4	30	2.51	9
未详	27	118	35	45	44	269	22.81	1
总计	181	281	212	270	245	1189	100.00	

第六表　民六留欧美日官费生分科统计表[1]

留学国 \ 科目	文	理	法	商	医	农	工	师范	预备	其他	总计	等第
日	25	24	108	53	156	50	279	64	267	58	1084	1
美	11	4	33	9	2	8	64	—	—	—	131	2
英	3	8	13	3	6	5	29	—	—	—	67	4
法	6	13	22	1	3	5	13	—	9	—	72	3
德	2	2	2	—	1	2	15	—	—	—	24	5
比	—	—	—	—	—	—	12	—	—	—	12	6
瑞士	1	—	—	1	—	—	4	—	—	—	6	7
总计	48	51	178	67	168	70	416	64	276	58	1396	
百分比	3.42	3.65	12.76	4.71	12.02	5.01	29.80	4.68	19.78	4.15		
等第	10	9	3	6	4	5	1	7	2	8		

（依民六教育统计作成）

从上两表看来，均以工科学生为最多：第五表工科超过其应有的比例率14.38%，第六表超过19.80%，而第五表，工、农、商、医、新闻、图书馆、教育等应用科学合计为42.31%，文、理、社会、心理、哲学等理论科合计只14.87%，不及应用科数量三分之一；第六表，医、农、工、商、教育等应用科目为56.22%，文理科只7.07%，不及应用科六分之一。派遣留学之目的在提高学术与使学术独立，现在出国习应用科者如此之多，习纯理科者如此之少，如何能实现留学应有的目的。此派遣方法之第五问题。

2.自费生　自费生因资格限制既宽，又不须经过考试，所以资格与学习科目均成问题。从第七表看来，自费留学生中学肄业的占6.02%，毕业的占42.14%，大学及专门学校肄业29.84%，毕业的21.99%，中学以下出身者约及二分之一；第八表看来，民国十年至

---

① 录陈启天：《留学教育宗旨与政策》之表，另加百分比。

十四年留学欧美自费生的资格虽较民七至民十者提高许多，但中学以下学生亦占15.70％。中等学生无论在年龄与学力上均不能至国外研究学术，时间与金钱既不经济，而使髫龄童子熏染于外国教化之下，于国家前途亦无裨益。中学毕业以上学生，虽其识力大概较优于未成年之中学生，但亦不必去国外受大学教育。从第九表看来，自费生习法政者特多，第十表则习应用科学与工程者特多：法政学生特多，固足以表示自费生无科学的根基，一般应用科学与工程，亦最大部分可以在国内学得，不必远适重洋，徒耗多金。至于留学生所适国别，无论从九表与第十一表看来，均特别丛集于美国：第九表留美自费生占自费生全额48.80％，第十表占欧美自费生68.90％，为欧美官自费总数之37.00％，美国生活比世界任何国为昂，而自费生如此之多，教育部所谓"入美国学校甚易，且可以国内学年资格插班听讲，不及二三年而取得毕业资格归国者甚多，所以自费生趋之若鹜"的话，确为一种重大原因。这种务空名不求实际的虚荣心，很足以使学术退化，还说以留学为求学术独立的政策，更何况有"潜植一国之精神势力"而有亡国之危险。这是事实明示我们关于自费留学生的第一问题。

第七表　自费留学生出身统计表[①]

校\科目\别	中学肄业				中学毕业				大专肄业				大专毕业			
	民七	民八	民九	民十	民七	民八	民九	民十	民七	民八	民九	民十	民七	民八	民九	民十
文科					2	2	1	2						9		1
理科													1	2	2	1
工科					3	1	1		1		10	3		4	14	5
医科								1		2	2			1	8	2

①　录陈启天：《留学教育宗旨与政策》之第三表。

续表

校别／科目	中学肄业				中学毕业				大专肄业				大专毕业			
	民七	民八	民九	民十	民七	民八	民九	民十	民七	民八	民九	民十	民七	民八	民九	民十
法科									2	9	17	10	1	5	8	14
商科										1		1				
教育科			2	1		2	9	4							1	7
农科							1		1		1	1	1	1		
普通科	7	13	3		11	45	70	34	2	13	29	14			1	9
总计	7	15	4		14	48	81	39	8	27	63	31	2	24	46	23
总计及百分数	26　　6.02%				182　　42.14%				129　　29.84%				95　　21.99%			

（依据民七至民十教育公报作成）

第八表　民国十年至十四年留学欧美自费生出身统计表①

年别	国别	出身学校						各国总数
		大学	专门	大学预科	中等学校	其他	未详	
民国十年	美	41	17	1	10	1	4	74
	德		6					6
民国十一年	美	44	15		14	1	3	77
	法	3						3
	德	34	19		24	1	4	82
民国十二年	美	57	11		6		8	82
	英	1						1
	法	1	3					4
	德	1	3		7			11
民国十三年	美	93	7		10	2	18	130
	英	1	1				1	4
	法	5	13		6		4	28
	德	2	4	1			3	10
	比		3					3

① 根据寰球学生会民国十五年特刊作成。

续表

年别	国别	出身学校						各国总数
		大学	专门	大学预科	中等学校	其他	未详	
民国十四年	美	55	5		13		3	76
	英	4	2					6
	法	13	12		6			31
	德	1	2					3
	比		1					1
	奥		2					2
	澳洲	1						1
	菲					3		3
总　计		357	126	2	100	5	48	638
百分比		55.90	19.75	0.31	15.70	0.78	7.53	
等第		1	2	6	3	5	4	

第九表　自费留学生预定留学国及学科统计表[①]

国别\学科	美	日	德	英	法	瑞士	总计	百分比	等第
文科	11	2	1	2	1		17	3.90	7
理科	18	4	7	2	1		32	7.35	5
工科	57	36	5	6	3	1	108	24.79	2
医科	7	17	9			7	40	9.17	4
法科	62	38		9	3		112	25.68	1
商科	14	14		1	1		30	6.89	6
农科	8	4					12	2.75	9
教育科	14	1			2		17	3.89	8
普通科	4	4					8	1.83	10
预备	1	3					4	0.92	11
不明	17	30	3	6			56	12.85	3
总计	213	153	25	26	11	8	436		
百分比	48.80	35.10	5.73	5.96	2.52	1.84			
等第	1	3	4	3	5	6			

（依据民七至民十教育公报作成）

---

① 录陈启天原表，另加百分比。

第十表　民国十年至十四年欧美自费生学科统计表①

年别	国别	理科	工科工程	工矿科制造	机械	水利	纺织	工商铁路管理	文科	社会	经济	哲学	教育	新闻	政治法律	医学	商科	农科	艺术	神学	图书馆	军事	外交	普通	未详	总计
十年	美	3	19				3	1	1	1	5	1	2	1	4	5	14	4	1	2					7	74
	德	3	3													3										6
十一年	美	2	7	5	2		1	1		2	3	1	5	1	2	4	9	3		1					21	77
	德		4										2			3									73	82
	法			1																					3	3
十二年	美	2	9	1	3	1	2		2	2	3		7		1	5	17	4	2				1		19	82
	英																								1	1
	德	1	1													1									8	11
	法	1	1																						2	4

① 根据《寰球学生会》调查表

续表

年别	国别	理科	工科	工程科	矿科	制造	机械	水利	纺织	工商管理	铁路管理	文科	社会	经济	哲学	教育	新闻	政治	法律	医学	商科	农科	艺术	神学	图书馆	军事	外交	普通	未详	总计
十三年	美	17		20	1		9		1			2	1	5	1	5		9	3	6	11	6	5	2	1				25	130
	英								1				1					1											1	4
	德	2	2																										6	10
	法		3	3														1	3	1			10			1			7	28
	比		3																											3
十四年	美	6		13			1					7	2	9	1	3	1	2	5	1	11	1						1	12	76
	英	1											1				1	1		1									1	6
	德		2																	1										3
	法	4		5			1					1		1		1		2	5	1	2		4			1			3	31
	比	1																												1
	奥																			2										2
	菲																				1	1					1			3
	澳																											1		1
总计		36	21	79	7	1	16	1	8	1	1	13	10	26	4	25	3	29	16	33	66	20	22	5	1	1	1	2	190	638
百分比		5.65	3.30	12.40	1.10	0.16	2.50	0.16	1.25	0.16	0.16	2.09	1.57	4.07	0.63	3.92	0.47	4.54	2.50	5.17	10.35	3.14	3.47	0.79	0.16	0.16	0.16	0.31	29.90	
等第		4	10	2	17	22	12	23	16	24	25	14	15	7	19	8	20	6	13	5	3	11	9	18	26	27	28	21	1	

第十一表　民十至十四五年间官自费生所适国别表

国　别	费　别		总　计	自费所适国别百分比
	官费	自费		
美	495	439	934	68.90
英	18	11	29	1.73
法	23	66	89	10.32
德	15	112	127	17.08
比		4	4	0.63
奥		2	2	0.32
菲		3	3	0.47
澳洲		1	1	0.17
总计	551	638	1189	
百分比	46.30	53.70		

第十二表　民十至十四五年间欧美自费留学生教会非教会出身表

年别	国别	出身学校										未详
		大学		专门		大学预科		中等学校		其他		
		教	非教	教	非教	教	非教	教	非教	教	非教	
民国十年	美	17	24	4	13		1	3	7		1	4
	德				6							
民国十一年	美	27	17	2	13			6	8		1	3
	法		3									
	德		34		19			2	22		1	4
民国十二年	美	20	37		11			5	1			8
	英	1										
	法	1			3							
	德		1		3			1	6			
民国十三年	美	47	46		7			9	1	2		18
	英	1			1				1			1
	法	3	2		13				6			4
	德		2		4	1						3
	比				3							

续表

年别	国别	出身学校										
		大学		专门		大学预科		中等学校		其他		未详
		教	非教	教	非教	教	非教	教	非教	教	非教	
民国十四年	美	15	40		5			5	8			3
	英	1	3		2							
	法	6	7		12				6			
	德		1		2							
	比				1							
	奥				2							
	澳洲		1									
	菲								3			

总　计										
139	218	6	120		2	34	66	2	3	48
教	181	30.68%		教会学生国别	美 162　89.40%					
非教	409	69.32%			法 10　5.63%　　英 3 1.67%					
					菲 3　1.67%　　德 3 1.67%					

　　此外还有一事为国人不大注意者，即教会学生出洋问题。照现在法令所规定，未经立案者无参与文官考试及留学考试之权，故官费留学生除清华考选学生不受此项法令限制外，其余省费额中无教会学生取得官费资格者，因而自费生特多。从第十二表看来，教会出身之自费生占30.68%（除去未详者），而去美国者为89.40%。此两种数目在表面上似不发生问题，但实际却不然，因为留美自费生虽然多于其他各国，但最大比例率还只68.90%，而教会学生则占89.40%，超过其应有比例率约四分之一，由此亦可证明教会自费生仍是特别多去美国。教会出身学生只占全自费生额30.68%，单独看来，比例率并不甚大，但以非教会高等学生与教会高等学生比较则超过甚多：据中华教育改进社1922年发表之统计，中国自立专门以上学校学生34，880人，据中华基督教教育会1925年发表之统计，教会专门以上学生为3901人，

两者为九与一之比，而自费留学生为七与三之比，教会自费生超过其应有数三分之二（其中中学生因无教会学生统计故未详比，但非教会学生亦有中学生，二者约可相销），教会学生最大多数（据基督教教育会统计，教会大学生来自教会中学者74%）自始至终均受教会教育，而在现在情形之下，教会教育无不外国化，以留学生出国去受教育，已成中国不可收拾的教育病象，再以教会学生去受外国化教育，结果于中国学术之独立反有重大影响。美国无时不注意于同化外国移民，[①]而中国却有形无形之间随处实行外国化。这是事实昭示我们关于留学之又一问题。

3.清华留美生　清华学校之基础既建筑于美国退还庚子赔款之上，一切办法自不能不受美国支配。清华本身问题近已逐渐使人注意，多有起而讨论改革者，该校亦有谋改大学之计划。将来留美学生办法或将有重大变更，亦未可知。不过就已有的事实看来，清华派遣留美学生实有大可商讨之余地。照第十三表统计，17年来，只派学生1031人，而留学经费每年150万元，共用去1955万元，只得学生如许（前几年人数较少；每年用不着许多经费，但现在初出国之学生还须支用五年始能回国，故仍以17年计算）。即使学生人人成才亦极不经济，而况不能如所预期！此清华留美生之第一问题。留学目的在使国内学术独立，则出国者当以研究学术为最重要目的。研究学术而有成功，第一要研究者对于某种学术有热烈研究的自动动机，第二要研究者对于该学术有相当的基础，第三要研究者了解国情能应用所得改进国内学术。清华设立，既以培植留美预备人才为目的，凡入清华者只能在清华高等科毕业，俱要留美，故选择留学科目尚常常发生问题（散见于《清华周刊》之论文及通信中）。当然说不到对于某种学术

---

① 常道直：《美国教育之管窥》，《教育杂志》第18卷4号。

有热烈研究的自动动机。而且该校留美学生，除考送者外，均由该校中等科升迁而来，因该校为实现其目的而使一切美国化之故（曾到该校者大概能实际感触及此），在国内既不曾受深切的国家教育，自难说到对于国情有深切的了解（该校毕业生之留国运动即足为此言之证）。而匆匆数年高等教育，要说对于某种学术有适当的基础，亦是事实上之难能（该校毕业生至美仍受大学教育二年三年不能入研究院，即其明证）。该校学生对于出国研究学术之三种要素都不备具，而每年照例派遣前去，遂致造成许多不中不西的人才，于国计民生的裨益实少。这是清华留美生之第二问题。清华亦曾考送专科生与女生，专科资格虽严，但不及实务人员，女生则以中学毕业生为限，仍是送至美国受教育；而且二者之额数太少。照第十三表所示，此项学生不过占8.79%。论者以为清华应自办大学，多考专科生，实非无的放矢。这是清华留美生之第三问题。清华本校留美生之目的既在去美受教育，所以科目之学习，最大多数为应用科学而少研究与学术有关的高深学理。照该校原定规程，留美学生应以80%习实业、农、工、矿、物理、化学、铁道、建筑等科，20%习法政、师范等科，[1]但第十四表文科约占35%，第十五表文科实科约各占半数，此固与该校原来目的不合。而该校不在国内施完大学教育，将每生五年留学费使之在美研究高等学术，趋他们大多数于学习与学术少补习之应用科学，三十九年清华费期满，恐中国学术前途仍不曾因清华而有变化。此为清华留美之第四问题。

---

① 见第七章。

第十三表　历年清华留美学生人数表①

学生别 年别	甄别生	本校生	女生	专科生	总计
1909	47				47
1910	70				70
1911	62				62
1912		16			16
1913		43			43
1914		34	10		44
1915		41			41
1916		32	10	10	52
1917		35		7	42
1918		67	8	7	82
1919		62		8	70
1920		79			79
1921		76	10	10	96
1922		63			63
1923		81	5	5	91
1924		63			63
1925		70			70
总　计	179	762	43	47	1031
百分比	17.36	73.85	4.17	4.62	100.00
	2	1	4	3	

① 据《中华教育界》第15卷9期常道直《留美学生状况与今后之留学政策》文中所举之数目作成。1924及1925年人数据《环球学生会》十五年特刊校正加入。甄别生为清华未成立及未有毕业生以前考取之学生。

第十四表　民国至十四年间清华留美生分科表①

年别＼科别	理科	工程及工艺	农科	医科	商科	纺织	机械	应用化学	兽医	电机	铁路管理	社会	政治	法律	文学	艺术	数学	经济	教育	哲学	新闻	宗教	军事	航空	外交	未详	总计
民国十年	2	12	4	2	10	1					1		1			2	1	7	5		1			1		18	68
民国十一年	1	25	1	1	12		2	5	2		2	3	5	3	3	1		7	9	1	2		2	1			88
民国十二年	3	29	8	3	16					1		2	7	2	5	3			4	2	1	1	2			2	92
民国十三年	5	17	3	2	1						1	1	6	1	7	1		16		3							63
民国十四年	8	12	11	3	11								5		3	7	1	5	3	1	4	1	8	2	1	2	71
总计	19	95	27	11	50	1	2	5	2	1	4	6	24	6	18	7	1	35	21	7	4	1	12	2	1	20	382
百分比	4.98	24.83	7.07	2.88	13.08	0.26	0.52	1.31	0.52	0.26	1.05	1.57	6.29	1.57	4.72	1.83	0.26	9.17	5.50	1.83	1.05	0.26	3.14	0.52	0.26	5.24	100.00
等第	8	1	4	11	2	22	19	16	20	23	17	14	5	15	9	12	24	3	6	13	18	25	10	21	26	7	

①根据寰球学生会《民国十五年特刊调查录》作成。历年人数与第十三表所举者稍有差异，不过据此可以窥见清华留美生出国时预定的分科情形。（照该校章程，非经校长允许不许改科，到美之后变更甚少。）

第十五表 1924至1925年清华留美学生学科分数表[①]

科 目		人数	百分比	等第
工科	化学工程	22		
	机械工程	19		
	土木工程	18	110	31.42	1
	电气工程	17		
	其他工程	34		
文科		38	11.70	3
商科		45	12.86	2
农科		22	6.29	7
医科		19	5.43	8
理科		36	10.54	4
政法		24	6.86	6
宗教		1	0.29	11
经济		28	8.00	5
教育		15	4.19	9
其他		12	3.42	10
总计		350	100.00	

此外还有一事为清华与其他留学生的共同问题，即毕业归国之留学生其职业与在学时所习之科目不相称，而且有集中于教育界之趋势。照第十六表所示，习工程者58人，而第十七表业工程者只29人，习矿科者25人，业矿务者只2人，习农科者10人，业农务者1人。以上均系职业与学科较，所任之专职不及所习之专科的二分之一以至十二分之一。又第十六表习商科者16人，业银行、公司、洋行者102人，超过六倍余，专习教育者只1人，而专为高等中等学校教职员及其他教育事务者已177人，再加以教育为本业而兼他种职务者共为189人，为任何职业之最多数。我们知道教员的来源，不只是专习教育，从理

---

① 据常道直《留美学生状况与今后之留学政策》文作成。

论上讲，习哲学与科学、文学者均可以教员为职业，若将习哲学、科学、文学等科之人数相加共188人，为数约略相等，但细查习科学之127人，中有71人非教育职务（此71人中已故者4人，未详者11人，服务于公司者16人，服务于铁路及银行者各10人，工程7人，洋行航空各3人，技士2人，教会、矿务、外交官、编辑、农业各1人）。此71人今填补者多数为工程师。由此可知职业与学科之差异甚大。至于第十八与第十九表及第二十与二十一表之比较，其显示学科与职业不相称及职业集中于教育界之情形也与前二表相似。若将三表之以教育为专门职业者相加共为198人，为全数（除去三表未详及已故之106人）41.0%；倘将以教育为本业而兼任他职者合计，共为211人，则占全数43.35%，集中于教育界之情形更显而易见。此种现象，固有一部分系由于社会事业之不发展，而留学生之无创造力，却系很重大的原因：因为遣派留学生之主要目的原在养成专才为社会创业以谋振兴国家也。其他留学生之归国者其职业分配状况如何，无可靠之材料以为统计的根据，故无从悬断其结果，清华归国生之职业分配，系以该校最近之一览上所载之各个姓名学科职业等等为本，对于清华生之推论自系可靠，即以此推证全国留学生职业状况，当亦得其大概。故此事一面为清华的特殊问题，一面为全国留学界的普遍问题。

第十六表　清华归国生各科分配表①

科别＼批数	一(1909)	二(1910)	三(1911)	四(1913)	五(1914)	六(1914)	七(1915)	八(1916)	九(1917)	十(1918)	十一(1919)	十二(1920)	十三(1921)	十四(1922)	十五(1922)	总计 人数	总计 百分比	总计 等第
哲学	4	8	6	3	3	2	3	5	4	11	4	2				55	10.84	3
科学	18	22	13	4	4	4	5	7	15	13	16	6				127	24.20	2
法学			3		1	1	1	1	1		1					9	1.74	8
文学		1				1	1	1		1						5	0.97	10
教育学										1						1	0.19	13
新闻学										1						1	0.19	13
军事学			1													1	0.19	13
农科	2				1	1			1		2	3				10	1.88	7
商科		1	2		1	3	1	1	2	1	4					16	3.10	6
矿科	3	7	5			1	2	1	2	2	2					25	4.84	4
医科	2	2	2		1	2		3	1	1	2					16	3.10	6
工程					1		1									2	0.39	12
机械工程	1	4	4		1		2		2	2	2					18	3.49	5
土木工程	1	4	2	2	1	3	1				2					16	3.10	6
电气工程	1	2					1	1								5	0.97	10

① 以下各表根据民国十四年至十五年《清华一览》"游美毕业回国学生一览"制成。学科以该州所载之学位为本，科学系包括各种自然科学及数学而言，故习科学者特多。

续表

科别＼批数＼人数	一 (1909)	二 (1910)	三 (1911)	四 (1913)	五 (1914)	六 (1914)	七 (1915)	八 (1916)	九 (1917)	十 (1918)	十一 (1919)	十二 (1920)	十三 (1921)	十四 (1922)	十五 (1922)	总计 人数	总计 百分比	总计 等第
海电工程			1													1	0.19	13
建筑工程							1			1						2	0.39	12
化学工程	2	3			1		1			1						8	1.55	9
纺织工程	1											2				3	0.58	11
油矿工程			1													1	0.19	13
陶业工程								1								1	0.19	13
海军建筑工程										1						1	0.19	13
纺织化学												1				1	0.19	13
未详	13	15	22	6	27	17	23	11	14	16	9	9	5	3	1	191	37.00	1
总计	47	70	63	16	42	34	42	31	41	52	44	25	5	3	1	516		

第十七表　清华归国生职业支配表

职业别 ＼ 批数（人数）	一 (1909)	二 (1910)	三 (1911)	四 (1913)	五 (1914)	六 (1914)	七 (1915)	八 (1916)	九 (1917)	十 (1918)	十一 (1919)	十二 (1920)	十三 (1921)	十四 (1922)	十五 (1922)	总计 人数	百分比	等第
高等学校教职员	14	22	13	1	10	11	6	8	13	23	15	8				145	28.11	1
中等学校教职员	3	5	1	1		2	1	1	4	2	3		1			23	4.46	8
高等、中等学校教职员					1	2	1	1								5	0.97	14
其他教育事务		1						1								2	0.39	17
高等学校教职员,编辑									1							1	0.19	18
高等学校教职员,技士							1		1							2	0.39	17
高等学校教职员,盐务			2				2									2	0.39	17
高等学校教职员,官吏	1	2	1		1	1	1			1	1					7	1.31	13
编辑			1		1		1		1	1						5	0.97	14
农业研究			1													1	0.19	18
工业研究			1	1						1						1	0.19	18
技士		8	1	1						1	1	2				16	3.10	9
工厂		2	1	1					2	2	1	2				11	2.13	10
工务			1	1												1	0.19	18

续表

职业别	一(1909)	二(1910)	三(1911)	四(1913)	五(1914)	六(1914)	七(1915)	八(1916)	九(1917)	十(1918)	十一(1919)	十二(1920)	十三(1921)	十四(1922)	十五(1922)	总计人数	总计百分比	等第
矿务							1			1						2	0.39	17
盐务		1					1				1					3	0.58	16
公司	4	7	7	2	9	5	9	8	5	3	3					62	12.00	2
洋行	2	3	1	1	1				2							10	1.88	11
银行	1	1	2	2	4	3	3	3	4	1	4	2				30	5.81	6
铁路	6	7	8	2	3	2	1	1	2	3	3		1			38	7.36	4
银行、铁路			1										1			1	0.19	18
银行、盐务			1									1				1	0.19	18
官吏		2	1			1	1		1	1	2	1				8	1.55	12
部员	6	2	12	1	2		4	1		1	2	1				32	6.20	5
外交官	1	2								1						4	0.72	15
军官										1						1	0.19	18
航空	2		1													3	0.58	16
临时职务			1					1			1					3	0.58	16
慈善										1						1	0.19	18
医院			2			1	1	1		2		1				8	1.55	12
教会	1			1	1				1							4	0.72	15
已故	3	3	2	2	4	3	3		1	1	1		2	2	1	28	5.42	7
未详	1	3	3	2	4	5	6	3	4	8	7	7	1	1		55	10.65	3
总计	47	70	63	16	42	34	42	31	41	52	44	25	5	3	1	516		

第十八表　清华归国专科生学科分配表

科别 ＼ 批数/人数	一(1916)	二(1917)	三(1918)	四(1919)	五(1921)	总计 人数	百分比	等第
哲　学	1		1	2	1	5	13.17	3
科　学	2	3	1	1	2	9	23.64	2
法　学	1					1	2.63	4
商　科					1	1	2.63	4
机械工程	1					1	2.63	4
土木工程	1	2	3	1	2	9	23.64	2
电气工程		1				1	2.63	4
纺织工程			1			1	2.63	4
未　详	4	1	1	4		10	26.31	1
总　计	10	7	7	8	6	38		

第十九表　清华归国专科生职业分配表

职业别 ＼ 批数/人数	一(1916)	二(1917)	三(1918)	四(1919)	五(1921)	总计 人数	百分比	等第
高等学校教职员	4		2	5	2	13	34.11	1
中等学校教职员	1					1	2.63	6
高等学校教职员、技士			1			1	2.63	6
技　士		1		1		2	5.26	5
公　司	2	5	1			8	21.20	2
洋　行	1					1	2.63	6
银　行	1					1	2.63	6
铁　路		1	2	1		4	10.51	4
市　政	1					1	2.63	6
未　详			1	1	4	6	15.78	3
总　计	10	7	7	8	6	38		

第二十表　清华归国女生学科分配表

科别＼批数＼人数	一 (1914)	二 (1916)	三 (1918)	四 (1921)	总计		
					人数	百分比	等第
科　学				1	1	3.58	3
医　科		4			4	14.28	2
未　详	10	5	6	2	23	82.14	1
总　计	10	9	6	3	28		

第二十一表　清华归国女生职业分配表

科别＼批数＼人数	一 (1914)	二 (1916)	三 (1918)	四 (1921)	总计		
					人数	百分比	等第
高等学校教职员	1	1	2	1	5	17.83	2
中等学校教职员	1	1			2	7.15	4
医　院	1	3			4	14.29	3
未　详	7	4	4	2	17	60.70	1
总　计	10	9	6	3	28		

5.管理问题　中国最初派遣学生出洋便有管理员同行为之照料；光绪三十二年以后，欧美日本有留学生之国家均派有留学生监督，民国初虽改为经理员，但民国三年以后，仍恢复监督制。最初派遣之学生为幼童，一切须人照料，派监督犹有可说。谁知这种遗意竟传衍数十年而不变。从留学教育本旨讲，实无专派留学监督之必要——因为留学以研究学术为目的，并非到外国去受教育，当然用不着监督，即有所谓支给费用问题，亦可由银行或使署代为办理——即要考成，责其报告研究心得也就行了，何必视学术研究者为儿童，事事加以拘束。而况从历史上看来，任何时代之游学管理章程均不曾实行：不许留学生入外国籍，不许留学生在某种范围以外自谋他事，乃至于不许

留学生与外国人结婚，都是数十年的通例，然而最初主张派遣幼童之容闳，便是入美籍娶美妇的中国第一名耶鲁大学生；而第一次派遣去美之幼童梁敦彦等17名既久假不归，[①]现在则更有名无实：入籍外国及与外人结婚者皆所在多有。至于不准另谋别业在现在不独成具文而已，而且政府自己趋其自谋别业；试问教育部与各省政府及清华学校每年大批派遣学生出国，亦曾于事前调查社会之需要按照派遣，于留学生回国后量才使用吗？中国政府现在之派遣留学生，与中国一般人民对于子女只知生不知教的情形一样，留学生回国之流离失所，与并集于一途（如多习应用工程等科的清华生多为教师）乃事理之当然，又何足怪。既要管理留学生，对于其出路便不能不负应负的责任，现在派遣者全不注意及此，为目前社会秩序，与现在留学效率计，实是一个当注重的问题。再从原则上讲，留学政策果以研求学术为目的，根本上用不着派专员至各国为监督，为实行政策计，拟订若干条规明白宣示，使出国者知其用意，自动遵守，或再规定若干考成的条件执法相绳，倘若出国者不能遵守此种题程，根本上便无出国留学预备作学术界领袖与指导国人的资格——即现在这样的"严格管理"，实际上又何曾有丝毫实效。这是留学管理之重要问题。

　　留学教育与中国各方面的关系太复杂琐细，不能详述。就上列多事而研究之以求得适当的解决方法，于国家前途已有重大的补益了。

---

　　①　崔国因《出使美日秘国日记载》："十一年（光绪）九月北洋咨据海关道周馥称美国肄业学生……不准在外洋入籍逗留及私自先回遽谋别业……前派当差学生梁敦彦等17名皆久假不归……殊与定章不符……"（卷1，页52）。

丙　今后的途径

60年来之留学史至此将告结束，若问所得，只有一言相答，即：

中国60年之留学政策均把受教育当作研求学术，留学界之一切因果均由此观念造成。

再问今后之途径如何？亦只有一言，即：

以后的留学政策当以研求学术，改进本国文化为唯一的目的。

无论何时，凡主张留学者，其目的无不在谋国家之强盛。即生于澳门、长于美国且入美籍之容闳，其主张派遣幼童去美，亦以振兴中国为言，其他如张之洞、张百熙、刘坤一等更明言派遣游学生之目的，就是号称无政府主义者之吴稚晖等其发起留法俭学会亦以造新社会、新国民为言。然而60年来留学教育之结果竟如此，最重大的原因就是把受教育与研究学术混为一谈。

教育为改进国家最重要的工具，谁也承认。可是一国有一国的立国精神，也有其民族特性：此精神与特性自然不是完璧无瑕，因时代上之种种关系，当然有借助他山之必要。但借助是了解自己底缺点与他人底优点对症施药的举动，不是盲目携取的行为。所以以教育为改进国家的工具，是用教育的方法昌盛国家，在某种范围以内，中国自然当吸收欧化，西洋也当吸收东化。这种吸收，无论其列为国家教育政策推行全国，或由一部分人竭力倡行，但都须根据事实为严密的考虑，都是一种对症的药方。因而一国的教育，都有其针对国家特性力求改进发扬的特质，凡属该国国民都当受此种教育以期有利于国。这种教育之实施，均当由本国直接负责，不当假手他人；倘由他人代庖，便有发生盲目外国化的危险。中国60年派遣留学生，根本上便不曾认清此点，所以最初派学生，规定年龄在16岁以下，学年为15年，使他们受完全的外国教育，后来派遣大批中等学生出国及与日本五校特约，清华学校之美国式的预备教育，毕业生一律出国时种种现象，都是同一病根。留学生既到外国去受教育，一切外国化是应有的结果——倘不外国化便是该外国教育之失败——现在一般人责难留学生洋化亡国，实则为悠久的历史所构成，并不完全是留学生本身的罪恶。

研求学术的性质则大异：是自动的，有目的的，有计划的，虽然因国内之需要与其他关系而出国研究，但研究者对于其欲研究的学科有明了的目的，且有判断力，能吸取精英以为己用，一旦出其学术应用即能对症发药，所以研究者之资格绝非童年或青年，最少当受过适当的本国教育，了解本国国情，对于研究的学术有适当的基础。中国派遣留学生虽然《选派外国留学生规程》中有研究必须留学外国之学术技艺之规定，但实际上除极少数人员外，其他仍是去国外受教育。

无论从任何方面讲，留学均当以研求学术以改进本国文化为目的：因为一国教育之实施本是国家底责任，托人代为一部分国民施教育，在理既不可通，而从数十年经验看来，其结果亦太不如人意。处学术贫乏的中国，当然不能再恢复闭关时代之政策，完全停送留学生。不过派遣留学生的政策，要以研究学术以改进本国文化为唯一的目的。此目的果能确定，则

1.国家应调查国内学术界之需要，通盘筹算，预定每年应派出国研究某种学术的额数，公开向全国招集此项专门人材；留学生研究期满回国后，应严格试验以验其所学，及格者应予以适当的事业使之办理，俾能展其所长，以免空耗国家经济，个人精力。

2.个人应有为学术而学术的自动决心，并对于该学术有适当的基础：特殊的兴趣，出国不是为博留学头衔以谋自己禄位，只是忠于所学为国家效力。

3.清华学校留美预备式的教育与高等科毕业生一律派遣赴美的办法，当根本取消，应首在国内办理大学，施以中国的教育；其留学计划如仍保存，应划归国家留学教育事务中办理。

4.官僚的游学生监督与具文的游学管理规程均当完全取消，另订若干条考成规条，执法以绳。

5.自费生名额应无限制（从国家政策上讲：学科分配应有限制，但人民对于某种学术有特殊的热忱，愿出国为进一步的研究，备他日国家之用，自当准其自由）。不过仍须经严格考试，以验是否有专门研究某种学术之能力与改进本国文化之志愿而免冒滥。

6.遣派大批青年去国外受外国教育的政策，与在国外自办大学专招国内学生入学的教育方法应完全取消。（为华侨自办大学施以中国教育不在此例，而且也没有人注意此事。）

打破以受教育替代研究学术的观念，代以研求学术以改进本国文化为留学的唯一目的的主张，为本书的唯一结论，事实上如何实现，则望国人共同努力！